RAPHAEL'S ASTRONOMICAL
Ephemeris of the Planets' Places
for 1995

A Complete Aspectarian
Mean Obliquity of the Ecliptic, 1995, 23° 26′ 24″

INTRODUCTION

Greenwich Mean Time (G.M.T.) has been used as the basis for all tabulations and times. The tabular data are for Greenwich Mean Noon (12h. G.M.T.), except for the Moon tabulations headed "MIDNIGHT". All phenomena and aspect times are now in G.M.T.

This edition follows the layout for the new form which was introduced in 1980.

BRITISH SUMMER TIME

British Summer Time begins on March 26 and ends on October 22. When *British Summer Time* (one hour in advance of G.M.T.) is used, subtract one hour from B.S.T. before entering this Ephemeris.

These dates are correct according to the acts in force at the time of printing.

Printed in Great Britain

© W. Foulsham & Co. Ltd. 1994

ISBN 0-572-01968-8

Published by
LONDON: W. FOULSHAM & CO. LTD.
YEOVIL ROAD, SLOUGH, BERKS. ENGLAND
NEW YORK   TORONTO   CAPE TOWN   SYDNEY

NEW MOON-Jan. 1,10h.56m. am. (10°♑33′) & Jan.30,10h.48m. pm. (10°♒35′)

2 JANUARY 1995 [RAPHAEL'S

D M	D W	Sidereal Time	☉ Long.	☉ Dec.	☽ Long.	☽ Lat.	☽ Dec.	Node	Midnight ☽ Long.	☽ Dec.
		H. M. S.	° ′ ″	° ′	° ′ ″	° ′	° ′	° ′	° ′ ″	° ′
1	Su	18 42 40	10♑35 59	23 S 1	11♑13 8	4 N19	18 S 40	11 ♏ 44	18 ♑ 37 34	17 S 33
2	M	18 46 37	11 37 10	22 56	25 58 5	4 52	16 11	11 41	3 ♒ 13 45	14 33
3	T	18 50 34	12 38 21	22 50	10♒23 44	5 5	12 45	11 38	17 27 23	10 46
4	W	18 54 30	13 39 32	22 44	24 24 15	4 59	8 41	11 35	1 ♓ 14 5	6 32
5	Th	18 58 27	14 40 43	22 38	7 ♓ 56 49	4 36	4 S 19	11 32	14 32 33	2 S 6
6	F	19 2 23	15 41 53	22 31	21 1 33	3 59	0 N 7	11 28	27 24 12	2 N17
7	S	19 6 20	16 43 3	22 24	3 ♈40 59	3 12	4 24	11 25	9 ♈ 52 28	6 26
8	Su	19 10 16	17 44 12	22 16	15 59 18	2 17	8 23	11 22	22 2 9	10 14
9	M	19 14 13	18 45 21	22 8	28 1 41	1 16	11 58	11 19	3 ♉ 58 38	13 33
10	T	19 18 9	19 46 29	21 59	9 ♉ 53 40	0 N14	15 0	11 16	15 47 28	16 17
11	W	19 22 6	20 47 37	21 50	21 40 41	0 S 49	17 24	11 13	27 33 56	18 19
12	Th	19 26 3	21 48 45	21 40	3 ♊ 27 46	1 49	19 3	11 9	9 ♊ 22 44	19 35
13	F	19 29 59	22 49 52	21 30	15 19 18	2 45	19 53	11 6	21 17 52	19 59
14	S	19 33 56	23 50 58	21 20	27 18 47	3 35	19 50	11 3	3 ♋ 22 20	19 28
15	Su	19 37 52	24 52 4	21 9	9 ♋ 28 45	4 14	18 52	11 0	15 38 11	18 3
16	M	19 41 49	25 53 10	20 58	21 50 45	4 43	17 0	10 57	28 6 28	15 46
17	T	19 45 45	26 54 15	20 47	4 ♌ 25 20	4 59	14 19	10 53	10 ♌ 47 20	12 42
18	W	19 49 42	27 55 19	20 35	17 12 22	4 59	10 55	10 50	23 40 22	9 0
19	Th	19 53 38	28 56 23	20 22	0♍11 14	4 45	6 58	10 47	6 ♍ 44 52	4 49
20	F	19 57 35	29♑57 26	20 9	13 21 12	4 15	2 N37	10 44	20 0 12	0 N22
21	S	20 1 32	0♒58 29	19 56	26 41 51	3 31	1 S 55	10 41	3 ♎ 26 8	4 S 11
22	Su	20 5 28	1 59 32	19 43	10♎13 6	2 34	6 25	10 38	17 2 50	8 35
23	M	20 9 25	3 0 34	19 29	23 55 24	1 28	10 39	10 34	0 ♏ 50 52	12 35
24	T	20 13 21	4 1 35	19 15	7 ♏ 49 19	0 S 16	14 22	10 31	14 50 46	15 57
25	W	20 17 18	5 2 37	19 0	21 55 12	0 N58	17 18	10 28	29 2 30	18 24
26	Th	20 21 14	6 3 38	18 45	6 ♐ 12 31	2 10	19 13	10 25	13 ♐ 24 54	19 43
27	F	20 25 11	7 4 38	18 30	20 39 16	3 14	19 53	10 22	27 55 4	19 44
28	S	20 29 7	8 5 38	18 15	5 ♑11 38	4 6	19 15	10 19	12 ♑ 28 14	18 27
29	Su	20 33 4	9 6 37	17 59	19 44 1	4 41	17 21	10 15	26 58 7	15 59
30	M	20 37 1	10 7 35	17 42	4 ♒ 9 40	4 59	14 23	10 12	11 ♒ 17 48	12 34
31	T	20 40 57	11♒ 8 32	17 S 26	18♒21 44	4 N57	10 S 36	10 ⋒ 9	25 ♒ 20 48	8 S 31

D	Mercury		Venus		Mars		Jupiter	
M	Lat.	Dec.	Lat.	Dec.	Lat.	Dec.	Lat.	Dec.
	° ′	° ′	° ′	° ′	° ′	° ′	° ′	° ′
1	2 S 10	23 S 54	3 N 37	15 S 20	3 N 29	13 N46	0 N 46	20 S 21
3	2 8	23 20	3 38	15 45	15 S 33	3 33	13 50	13 N 48	0 46	20 25
5	2 5	22 39	3 39	16 10	15 58	3 38	13 56	13 53	0 46	20 30
7	1 59	21 53	3 39	16 35	16 23	3 43	14 2	13 59	0 46	20 34
9	1 50	21 0	3 38	17 0	16 48	3 47	14 9	14 5	0 46	20 38
					17 12			14 13		
11	1 38	20 4	3 36	17 24	17 36	3 52	14 18	14 22	0 46	20 41
13	1 24	19 3	3 34	17 48	17 59	3 56	14 27	14 33	0 46	20 45
15	1 6	17 59	3 31	18 10	18 22	4 0	14 38	14 44	0 46	20 49
17	0 44	16 54	3 28	18 32	18 43	4 4	14 50	14 56	0 46	20 52
19	0 S 18	15 49	3 24	18 53	19 3	4 8	15 2	15 9	0 46	20 56
21	0 N11	14 48	3 19	19 13	19 22	4 12	15 16	15 23	0 46	20 59
23	0 44	13 54	3 15	19 31	19 40	4 16	15 30	15 38	0 46	21 2
25	1 19	13 10	3 9	19 48	19 56	4 19	15 45	15 53	0 46	21 5
27	1 55	12 40	3 4	20 4	20 11	4 22	16 1	16 9	0 46	21 8
29	2 29	12 25	2 58	20 17	20 S 24	4 25	16 17	16 N 25	0 46	21 11
31	2 N59	12 S 26	2 N 52	20 S 29		4 N 27	16 N34		0 N 46	21 S 13

FIRST QUARTER-Jan. 8. 3h.46m. pm. (17°♈54′)

FULL MOON-Jan.16, 8h.26m. pm. (26°♋15′)

EPHEMERIS]   JANUARY 1995   3

D/M	☿ Long.	♀ Long.	♂ Long.	♃ Long.	♄ Long.	♅ Long.	♆ Long.	♇ Long.	☉	☿	♀	♂	♃	♄	♅	♆	♇
1	21♑14	24♏19	2♍39	4♐50	8♓ 2	25♑30	22♑35	29♏32	☌	∠	⚹	⊥	✳				∠
2	22 52	25 14	2 40	5 2	8 7	25 34	22 37	29 34		☌	✳		∠	∠	☌	☌	✳
3	24 29	26 10	2R 40	5 14	8 12	25 37	22 40	29 36	⚺					✳	⚺		
4	26 6	27 7	2 39	5 26	8 17	25 41	22 42	29 38	∠	⚺	☐				⚺	⚺	
5	27 43	28 4	2 37	5 37	8 23	25 44	22 44	29 40	∠			☍	☐	☌	∠	∠	
6	29♑19	29♏ 2	2 35	5 49	8 28	25 47	22 46	29 42	✳							✳	✳
7	0♒55	0♐ 0	2 32	6 1	8 33	25 51	22 49	29 43		✳	△		△	⚺			△
8	2 30	0 58	2 28	6 12	8 39	25 55	22 51	29 45	☐		☐	☐	☐				☐
9	4 4	1 57	2 23	6 24	8 44	25 58	22 53	29 47				△		∠	☐	☐	
10	5 37	2 57	2 17	6 35	8 50	26 2	22 56	29 49	☐					✳			
11	7 9	3 57	2 11	6 47	8 56	26 5	22 58	29 50	△							△	△
12	8 39	4 57	2 4	6 58	9 1	26 9	23 0	29 52	☐		☍	☐	☍	☐		☐	☍
13	10 7	5 58	1 56	7 9	9 7	26 12	23 2	29 54	△						☐		
14	11 32	7 0	1 47	7 20	9 13	26 16	23 5	29 55	☐	✳							
15	12 54	8 1	1 37	7 31	9 19	26 19	23 7	29 57						△			☐
16	14 13	9 3	1 27	7 42	9 25	26 23	23 9	29♏59	☍		☐	∠	☐	☐	☍	☍	
17	15 27	10 5	1 16	7 53	9 31	26 26	23 11	0♐ 0			△	⚺	△				△
18	16 36	11 8	1 3	8 4	9 37	26 30	23 14	0 2		☍							
19	17 40	12 11	0 51	8 15	9 43	26 33	23 16	0 3				☌					☐
20	18 37	13 15	0 37	8 25	9 49	26 37	23 18	0 5	☐		☐		☐	☍	☐	☐	
21	19 27	14 18	0 23	8 36	9 56	26 41	23 21	0 6	△			⚺			△	△	✳
22	20 8	15 22	0♍ 8	8 46	10 2	26 44	23 23	0 7		☐	✳	∠	✳				∠
23	20 40	16 27	29♌52	8 56	10 8	26 48	23 25	0 9		△		✳	∠	☐	☐	☐	⚺
24	21 2	17 31	29 35	9 7	10 15	26 51	23 27	0 10	☐		∠		⚺	△			
25	21 14	18 36	29 18	9 17	10 21	26 55	23 30	0 11		☐	⚺					✳	✳
26	21R 15	19 41	29 0	9 27	10 28	26 58	23 32	0 13	✳			☐	☌	☐		☌	
27	21 4	20 46	28 42	9 37	10 34	27 2	23 34	0 14	∠	✳	•					⚺	⚺
28	20 42	21 52	28 22	9 46	10 41	27 5	23 36	0 15	⚺			△	⚺	∠			
29	20 8	22 58	28 3	9 56	10 47	27 9	23 38	0 16		⚺	⚺	☐	∠	⚺		☌	∠
30	19 25	24 4	27 42	10 6	10 54	27 12	23 41	0 18	☌		∠		✳	⚺			✳
31	18♒32	25♐10	27♌22	10♐15	11♓ 1	27♑16	23♐43	0♐19		☌				⚺			

D/M	Saturn Lat.	Saturn Dec.	Uranus Lat.	Uranus Dec.	Neptune Lat.	Neptune Dec.	Pluto Lat.	Pluto Dec.
1	1S48	10S13	0S30	21S32	0N33	21S 0	13N20	7S 1
3	1 48	10 9	0 30	21 30	0 33	20 59	13 20	7 1
5	1 47	10 5	0 30	21 29	0 33	20 59	13 21	7 1
7	1 47	10 1	0 30	21 28	0 33	20 58	13 21	7 2
9	1 47	9 57	0 30	21 26	0 33	20 57	13 22	7 2
11	1 47	9 52	0 30	21 25	0 33	20 57	13 22	7 2
13	1 47	9 48	0 30	21 24	0 33	20 56	13 23	7 2
15	1 47	9 43	0 30	21 22	0 33	20 55	13 23	7 2
17	1 46	9 39	0 30	21 21	0 33	20 54	13 24	7 2
19	1 46	9 34	0 30	21 20	0 33	20 54	13 25	7 2
21	1 46	9 29	0 30	21 18	0 33	20 53	13 25	7 2
23	1 46	9 24	0 30	21 17	0 33	20 52	13 26	7 2
25	1 46	9 19	0 30	21 16	0 33	20 51	13 27	7 2
27	1 46	9 14	0 30	21 14	0 33	20 51	13 27	7 2
29	1 46	9 9	0 30	21 13	0 33	20 50	13 28	7 1
31	1S46	9S 4	0S30	21S12	0N33	20S49	13N29	7S 1

Mutual Aspects

1 ☉⊥♃.
2 ☿∠♄. ☿☌♆. ♀⚹♅. ♂ Stat.
4 ☿±♂. ☿☌♅.
5 ☉∠♆. ⊙P♆.
6 ☿✳♀. ☿✳♇.
7 ♀☌♇.
8 ☿☐♂. ☿▽♂. ♀⊥♄. ☿P♆.
9 ♀☌♇. ☿P♆.
10 ☿P♃.
11 ☿✳♃.
12 ☉∠♃. ☿⚺♄. ♂±♃.
13 ☉☌♆.
14 ∠♄. ☿Q♇. ♀☌♃. ⊙P♆.
15 ♀∠♆. ☿P♀.
16 ☉±♂. ♀☐♄. ⊙P♆.
17 ⊙☌♅. ⊙P♃.
18 ♀∠♅. ♃P♆.
19 ♃∠♆.
20 ⊙✳♇. ☿P♂.
21 ⊙▽♂.
22 ♂☐♇.
23 ⊙P♀.
24 ⊙⊥♄. ♀⊥♆. ♂±♆.
26 ☿Stat.
27 ☿✳♀. ♀⊥♅.
30 ☉✳♃. ♀∠♅. ♃P♆.
31 ☿⚺♄. ♂▽♅.

LAST QUARTER-Jan.24, 4h.58m. am. (3°♏44′)

4   FEBRUARY   1995   [RAPHAEL'S

D M	D W	Sidereal Time	☉ Long.	☉ Dec.	☽ Long.	☽ Lat.	☽ Dec.	☽ Node	Midnight ☽ Long.	☽ Dec.
		H. M. S.	° ′ ″	° ′	° ′ ″	° ′	° ′	° ′	° ′ ″	° ′
1	W	20 44 54	12 ≈ 9 28	17 S 9	2 ♓ 14 26	4 N 38	6 S 21	10 ♍ 6	9 ♓ 2 15	4 S 7
2	Th	20 48 50	13 10 22	16 52	15 43 59	4 4	1 S 53	10 3	22 19 34	0 N 21
3	F	20 52 47	14 11 16	16 34	28 49 3	3 17	2 N 33	9 59	5 ♈ 12 37	4 40
4	S	20 56 43	15 12 8	16 17	11 ♈ 30 36	2 22	6 44	9 56	17 43 26	8 41
5	Su	21 0 40	16 12 59	15 59	23 51 37	1 21	10 31	9 53	29 55 44	12 13
6	M	21 4 36	17 13 48	15 40	5 ♉ 56 25	0 N 18	13 47	9 50	11 ♉ 54 21	15 12
7	T	21 8 33	18 14 36	15 22	17 50 13	0 S 45	16 26	9 47	23 44 44	17 29
8	W	21 12 30	19 15 23	15 3	29 38 35	1 45	18 21	9 44	5 ♊ 32 29	19 2
9	Th	21 16 26	20 16 8	14 44	11 ♊ 27 6	2 41	19 29	9 40	17 23 4	19 44
10	F	21 20 23	21 16 51	14 24	23 20 59	3 31	19 46	9 37	29 21 23	19 34
11	S	21 24 19	22 17 33	14 5	5 ♋ 24 46	4 11	19 8	9 34	11 ♋ 31 32	18 29
12	Su	21 28 16	23 18 14	13 45	17 42 3	4 41	17 37	9 31	23 56 34	16 32
13	M	21 32 12	24 18 53	13 25	0 ♌ 15 16	4 58	15 14	9 28	6 ♌ 38 14	13 45
14	T	21 36 9	25 19 30	13 5	13 5 27	5 0	12 5	9 25	19 36 51	10 15
15	W	21 40 5	26 20 6	12 44	26 12 15	4 47	8 17	9 21	2 ♍ 51 26	6 11
16	Th	21 44 2	27 20 40	12 24	9 ♍ 34 7	4 18	4 N 0	9 18	16 19 59	1 N 44
17	F	21 47 59	28 21 13	12 3	23 8 40	3 34	0 S 33	9 15	29 59 51	2 S 51
18	S	21 51 55	29 ≈ 21 44	11 42	6 ♎ 53 12	2 37	5 8	9 12	13 ♎ 48 23	7 21
19	Su	21 55 52	0 ♓ 22 14	11 20	20 45 9	1 30	9 29	9 9	27 43 17	11 30
20	M	21 59 48	1 22 43	10 59	4 ♏ 42 34	0 S 17	13 21	9 5	11 ♏ 42 52	15 1
21	T	22 3 45	2 23 10	10 37	18 44 5	0 N 58	16 28	9 2	25 46 5	17 40
22	W	22 7 41	3 23 37	10 16	2 ♐ 48 49	2 9	18 37	8 59	9 ♐ 52 9	19 15
23	Th	22 11 38	4 24 2	9 54	16 56 0	3 13	19 36	8 56	24 0 11	19 38
24	F	22 15 34	5 24 25	9 32	1 ♑ 4 29	4 5	19 21	8 53	8 ♑ 8 40	18 47
25	S	22 19 31	6 24 48	9 9	15 12 23	4 42	17 54	8 50	22 15 16	16 46
26	Su	22 23 28	7 25 9	8 47	29 16 52	5 1	15 23	8 46	6 ≈ 16 43	13 47
27	M	22 27 24	8 25 28	8 25	13 ≈ 14 18	5 3	12 0	8 43	20 9 8	10 4
28	T	22 31 21	9 ♓ 25 45	8 S 2	27 ≈ 0 42	4 N 47	8 S 1	8 ♍ 40	3 ♓ 48 34	5 S 52

D M	Mercury Lat.	Dec.	Venus Lat.	Dec.	Mars Lat.	Dec.	Jupiter Lat.	Dec.
	° ′	° ′	° ′	° ′	° ′	° ′	° ′	° ′
1	3 N 11	12 S 33	2 N 49	20 S 35	4 N 28	16 N 42	0 N 46	21 S 15
3	3 30	12 55	2 42	20 44	4 30	16 59	0 46	21 17
5	3 39	13 28	2 35	20 51	4 31	17 16	0 46	21 20
7	3 39	14 6	2 28	20 56	4 32	17 33	0 46	21 22
9	3 29	14 46	2 20	21 0	4 33	17 49	0 47	21 24
11	3 14	15 23	2 13	21 1	4 33	18 5	0 47	21 26
13	2 53	15 57	2 5	21 0	4 32	18 21	0 47	21 28
15	2 30	16 26	1 57	20 56	4 32	18 36	0 47	21 30
17	2 5	16 49	1 49	20 51	4 30	18 50	0 47	21 32
19	1 40	17 6	1 41	20 43	4 29	19 4	0 47	21 34
21	1 15	17 17	1 33	20 33	4 27	19 16	0 47	21 35
23	0 51	17 22	1 25	20 21	4 24	19 27	0 47	21 37
25	0 28	17 21	1 17	20 6	4 22	19 38	0 47	21 38
27	0 N 6	17 14	1 9	19 49	4 19	19 47	0 47	21 40
29	0 S 15	17 2	1 1	19 30	4 15	19 55	0 48	21 41
31	0 S 34	16 S 43	0 N 53	19 S 9	4 N 12	20 N 2	0 N 48	21 S 42

FIRST QUARTER-Feb. 7. 0h.54m. pm. (18° ♉ 17′)

FULL MOON-Feb.15, 0h.15m. pm. (26°♌21′)

EPHEMERIS]			FEBRUARY 1995														5
D	☿	♀	♂	♃	♄	♅	♆	♇	Lunar Aspects								
M	Long.	Long.	Long.	Long.	Long.	Long.	Long.	Long.	☉	☿	♀	♂	♃	♄	♅	♆	♇
	° ′	° ′	° ′	° ′	° ′	° ′	° ′	° ′									
1	17♒31	26♐17	27♌ 0	10♐25	11♓ 7	27♑19	23♑45	0♐20			✱	☍			⚺	∠	□
2	16R 24	27 23	26R 38	10 34	11 14	27 23	23 47	0 21	⚺	⚺			□	☌	∠		
3	15 13	28 30	26 16	10 43	11 21	27 26	23 49	0 22	∠	∠	□				✱	✱	△
4	13 59	29♐37	25 54	10 52	11 28	27 29	23 52	0 23	✱	✱		⚼	△	⚺			⚼
5	12 46	0♑44	25 31	11 1	11 35	27 33	23 54	0 24				△	⚼	∠	□	□	
6	11 35	1 52	25 7	11 10	11 42	27 36	23 56	0 25		□	△			✱			
7	10 28	2 59	24 44	11 18	11 49	27 40	23 58	0 26	□		⚼						
8	9 26	4 7	24 20	11 27	11 55	27 43	24 0	0 26				□			△	△	☍
9	8 31	5 15	23 57	11 35	12 2	27 46	24 2	0 27		△			☍	□	⚼	⚼	
10	7 42	6 23	23 33	11 44	12 10	27 50	24 4	0 28	△	⚼		✱					
11	7 2	7 31	23 9	11 52	12 17	27 53	24 6	0 29	⚼		☍	∠					
12	6 29	8 39	22 45	12 0	12 24	27 56	24 8	0 29				⚺		△			⚼
13	6 5	9 48	22 21	12 8	12 31	28 0	24 10	0 30		☍			⚼	⚼	☍	☍	△
14	5 48	10 56	21 57	12 16	12 38	28 3	24 12	0 31					△				
15	5 39	12 5	21 33	12 23	12 45	28 6	24 14	0 31	☍		⚼	☌					□
16	5D 38	13 14	21 10	12 31	12 52	28 9	24 16	0 32			△		□	☍	⚼	⚼	
17	5 43	14 23	20 46	12 38	12 59	28 12	24 18	0 32		⚼		⚺			△	△	
18	5 55	15 32	20 23	12 45	13 7	28 16	24 20	0 33		△		∠	✱				✱
19	6 13	16 41	20 0	12 52	13 14	28 19	24 22	0 33	⚼		□	✱				□	∠
20	6 37	17 51	19 38	12 59	13 21	28 22	24 24	0 34	△	□			∠	⚼	□		⚺
21	7 6	19 0	19 16	13 6	13 28	28 25	24 26	0 34			✱	□	⚺	△		✱	
22	7 40	20 10	18 54	13 13	13 36	28 28	24 28	0 35	□	✱	∠				✱	∠	☌
23	8 18	21 20	18 33	13 19	13 43	28 31	24 30	0 35		∠	⚺	△	☌	□	∠		
24	9 0	22 29	18 12	13 26	13 50	28 34	24 32	0 35	✱			⚼			⚺	⚺	⚺
25	9 47	23 39	17 52	13 32	13 58	28 37	24 34	0 35	∠	⚺			⚺	✱			∠
26	10 37	24 49	17 32	13 38	14 5	28 40	24 35	0 36			☌		∠	∠	☌	☌	✱
27	11 30	25 59	17 13	13 44	14 12	28 43	24 37	0 36	⚺	☌		☍	✱	⚺			
28	12♒26	27♑10	16♌54	13♐50	14♓20	28♑46	24♑39	0♐36			⚺				⚺	⚺	□

D	Saturn		Uranus		Neptune		Pluto	
M	Lat.	Dec.	Lat.	Dec.	Lat.	Dec.	Lat.	Dec.
	° ′	° ′	° ′	° ′	° ′	° ′	° ′	° ′
1	1S46	9S 1	0S30	21S11	0N33	20S49	13N29	7S 1
3	1 46	8 56	0 30	21 10	0 33	20 48	13 30	7 1
5	1 45	8 51	0 30	21 8	0 33	20 47	13 31	7 0
7	1 45	8 45	0 30	21 7	0 33	20 46	13 31	7 0
9	1 45	8 40	0 30	21 6	0 33	20 46	13 32	6 59
11	1 45	8 35	0 30	21 4	0 33	20 45	13 33	6 59
13	1 45	8 29	0 30	21 3	0 33	20 44	13 34	6 59
15	1 45	8 24	0 30	21 2	0 33	20 44	13 34	6 58
17	1 45	8 18	0 30	21 1	0 33	20 43	13 35	6 57
19	1 45	8 13	0 30	20 59	0 33	20 42	13 36	6 57
21	1 45	8 7	0 30	20 58	0 33	20 42	13 37	6 56
23	1 45	8 1	0 30	20 57	0 33	20 41	13 37	6 56
25	1 45	7 56	0 30	20 56	0 33	20 40	13 38	6 55
27	1 46	7 50	0 30	20 55	0 33	20 40	13 39	6 54
29	1 46	7 45	0 30	20 54	0 33	20 39	13 40	6 53
31	1S46	7S39	0S30	20S52	0N33	20S38	13N41	6S53

Mutual Aspects

1 ☉Q♇. ♀△♂.
2 ♀⚺♅. ☉P♂.
3 ☉☌☿.
4 ☿∠♀. ♀Q♄. ♀P♆.
5 ☿Q♇. ♀⚺♇.
6 ☿✱♃. ☿⚺♄.
8 ☿⊥♀.
9 ☉∠♀. ♂⚻♆. ☉P☿.
10 ♀⊥♇.
11 ☿⚺♀. ♀⚼♂.
12 ☉☍♂. ☿⊥♄.
13 ☉Q♃. ☉⚺♆.
15 ♀⚺♃.
16 ♀✱♄. ☿Stat.
17 ☉⚺♅. ♀±♂.
18 ♀∠♇.
19 ☉⊥♆. ☉□♇. ♀P♆.
20 ♄∠♅.
21 ♀⚻♂. ♀⊥♃.
22 ☿⊥♄.
23 ☉⊥♅.
26 ♀☌♆.
27 ♃∠♅. ♀P♂.
28 ☉∠♆. ☿Q♇.

LAST QUARTER-Feb.22, 1h. 4m. pm. (3°♐26′)

NEW MOON-Mar. 1,11h.48m. am. (10°✦26′) & Mar.31, 2h. 9m. am. (9°♈54′)

6   MARCH   1995   [RAPHAEL'S

D M	D W	Sidereal Time	☉ Long.	☉ Dec.	☽ Long.	☽ Lat.	☽ Dec.	Node	Midnight ☽ Long.	☽ Dec.
		H. M. S.	° ′ ″	° ′	° ′ ″	° ′	° ′	° ′	° ′ ″	° ′
1	W	22 35 17	10 ✦ 26 1	7 S 39	10 ✦ 32 19	4 N15	3 S 41	8 ♏ 37	17 ✦ 11 40	1 S 28
2	Th	22 39 14	11 26 15	7 16	23 46 22	3 29	0 N44	8 34	0 ♈ 16 18	2 N54
3	F	22 43 10	12 26 27	6 54	6 ♈ 41 24	2 34	5 1	8 31	13 1 45	7 3
4	S	22 47 7	13 26 38	6 30	19 17 33	1 32	8 59	8 27	25 29 1	10 47
5	Su	22 51 3	14 26 46	6 7	1 ♉ 36 30	0 N28	12 28	8 24	7 ♉ 40 27	13 59
6	M	22 55 0	15 26 52	5 44	13 41 20	0 S 38	15 21	8 21	19 39 41	16 32
7	T	22 58 57	16 26 57	5 21	25 36 6	1 40	17 32	8 18	1 ♊ 31 11	18 21
8	W	23 2 53	17 26 59	4 58	7 ♊ 25 37	2 38	18 57	8 15	13 20 1	19 21
9	Th	23 6 50	18 26 59	4 34	19 15 5	3 29	19 32	8 11	25 11 27	19 29
10	F	23 10 46	19 26 57	4 11	1 ♋ 9 48	4 12	19 14	8 8	7 ♋ 10 44	18 46
11	S	23 14 43	20 26 52	3 47	13 14 51	4 44	18 4	8 5	19 22 41	17 10
12	Su	23 18 39	21 26 46	3 24	25 34 43	5 3	16 3	8 2	1 ♌ 51 23	14 44
13	M	23 22 36	22 26 37	3 0	8 ♌ 13 0	5 9	13 14	7 59	14 39 49	11 33
14	T	23 26 32	23 26 26	2 36	21 11 57	4 59	9 42	7 56	27 49 27	7 43
15	W	23 30 29	24 26 13	2 13	4 ♍ 32 12	4 33	5 37	7 52	11 ♍ 20 1	3 N24
16	Th	23 34 26	25 25 58	1 49	18 12 36	3 50	1 N 8	7 49	25 9 32	1 S 11
17	F	23 38 22	26 25 41	1 25	2 ♎ 10 20	2 53	3 S 31	7 46	9 ♎ 14 27	5 49
18	S	23 42 19	27 25 22	1 1	16 21 16	1 45	8 3	7 43	23 30 12	10 10
19	Su	23 46 15	28 25 1	0 38	0 ♏ 40 36	0 S 29	12 10	7 40	7 ♏ 51 53	13 58
20	M	23 50 12	29 ✦ 24 38	0 S 14	15 3 31	0 N49	15 34	7 36	22 14 57	16 55
21	T	23 54 8	0 ♈ 24 14	0 N10	29 25 45	2 4	18 0	7 33	6 ♐ 35 32	18 48
22	W	23 58 5	1 23 48	0 33	13 ♐ 43 57	3 11	19 17	7 30	20 50 44	19 27
23	Th	0 2 1	2 23 20	0 57	27 55 39	4 6	19 19	7 27	4 ♑ 58 30	18 53
24	F	0 5 58	3 22 50	1 21	11 ♑ 59 8	4 46	18 9	7 24	18 57 24	17 10
25	S	0 9 55	4 22 19	1 44	25 53 10	5 8	15 55	7 21	2 ≈ 46 18	14 28
26	Su	0 13 51	5 21 46	2 8	9 ≈ 36 41	5 12	12 50	7 17	16 24 11	11 1
27	M	0 17 48	6 21 11	2 31	23 8 41	4 59	9 6	7 14	29 50 2	7 4
28	T	0 21 44	7 20 34	2 55	6 ✦ 28 8	4 29	4 58	7 11	13 ✦ 2 52	2 S 49
29	W	0 25 41	8 19 55	3 18	19 34 8	3 46	0 S 40	7 8	26 1 51	1 N29
30	Th	0 29 37	9 19 14	3 42	2 ♈ 26 0	2 52	3 N36	7 5	8 ♈ 46 35	5 40
31	F	0 33 34	10 ♈ 18 32	4 N 5	15 ♈ 3 36	1 N51	7 N38	7 ♏ 2	21 ♈ 17 10	9 N31

D M	Mercury Lat.	Dec.	Venus Lat.	Dec.	Mars Lat.	Dec.	Jupiter Lat.	Dec.
	° ′	° ′	° ′	° ′	° ′	° ′	° ′	° ′
1	0 S 15	17 S 2	1 N 1	19 S 30	4 N 15	19 N55	0 N 48	21 S 41
3	0 34	16 43	0 53	19 9	4 12	20 2	0 48	21 42
5	0 51	16 19	0 45	18 45	4 8	20 7	0 48	21 43
7	1 8	15 50	0 37	18 20	4 4	20 12	0 48	21 44
9	1 22	15 15	0 29	17 52	4 0	20 15	0 48	21 45
11	1 35	14 35	0 21	17 22	3 55	20 18	0 48	21 46
13	1 46	13 49	0 13	16 51	3 51	20 19	0 48	21 47
15	1 56	12 59	0 N 6	16 17	3 46	20 19	0 48	21 47
17	2 4	12 3	0 S 1	15 42	3 42	20 18	0 48	21 48
19	2 11	11 2	0 8	15 4	3 37	20 17	0 49	21 48
21	2 15	9 57	0 15	14 25	3 32	20 14	0 49	21 49
23	2 18	8 46	0 22	13 45	3 28	20 11	0 49	21 49
25	2 19	7 31	0 29	13 3	3 23	20 6	0 49	21 49
27	2 18	6 12	0 35	12 19	3 18	20 1	0 49	21 49
29	2 16	4 47	0 41	11 34	3 13	19 55	0 49	21 49
31	2 S 11	3 S 19	0 S 47	10 S 48	3 N 9	19 N48	0 N 49	21 S 49

FIRST QUARTER-Mar. 9,10h.14m. am. (18°♊23′)

FULL MOON-Mar.17, 1h.26m. am. (25°♍59′)

EPHEMERIS]			MARCH 1995														7
D	☿	♀	♂	♃	♄	♅	♆	♇	Lunar Aspects								
M	Long.	Long.	Long.	Long.	Long.	Long.	Long.	Long.	☉	☿	♀	♂	♃	♄	♅	♆	♇
	° ′	° ′	° ′	° ′	° ′	° ′	° ′	° ′									
1	13♒25	28♑20	16♌36	13♐55	14♓27	28♑49	24♑41	0♐36	☌	⚺	∠		□	☌	∠	∠	
2	14 27	29♑30	16R 19	14 1	14 34	28 52	24 42	0 36		∠	⚹				⚹	⚹	
3	15 31	0♒41	16 2	14 6	14 42	28 54	24 44	0 36	⚺			⚼					△
4	16 38	1 51	15 47	14 11	14 49	28 57	24 46	0R 36		⚹		△	△	⚺		□	⚼
5	17 46	3 2	15 31	14 16	14 57	29 0	24 47	0 36	∠		□		⚼	∠	□		
6	18 57	4 12	15 17	14 21	15 4	29 3	24 49	0 36	⚹	□		□		⚹			
7	20 10	5 23	15 3	14 25	15 11	29 5	24 51	0 36							△	△	☍
8	21 24	6 34	14 50	14 30	15 19	29 8	24 52	0 36			△					⚼	
9	22 41	7 44	14 38	14 34	15 26	29 11	24 54	0 36	□	△	⚼	⚹	☍	□	⚼		
10	23 58	8 55	14 27	14 38	15 33	29 13	24 55	0 36				∠					
11	25 18	10 6	14 16	14 42	15 41	29 16	24 57	0 35		⚼		⚺		△			⚼
12	26 39	11 17	14 7	14 46	15 48	29 18	24 58	0 35	△				⚼	⚼	☍	☍	△
13	28 2	12 28	13 58	14 49	15 55	29 21	25 0	0 35	⚼		☍	☌					
14	29♒26	13 39	13 49	14 53	16 3	29 23	25 1	0 34					△				
15	0♓52	14 51	13 42	14 56	16 10	29 26	25 2	0 34		☍						⚼	□
16	2 19	16 2	13 35	14 59	16 17	29 28	25 4	0 34				⚺	□	☍	⚼	△	
17	3 47	17 13	13 29	15 2	16 25	29 30	25 5	0 33	☍		⚼	∠			△		⚹
18	5 17	18 24	13 24	15 5	16 32	29 32	25 6	0 33		⚼	△	⚹	⚹				∠
19	6 48	19 36	13 20	15 7	16 39	29 35	25 8	0 32		△			∠	⚼	□	□	⚺
20	8 20	20 47	13 17	15 9	16 47	29 37	25 9	0 32	⚼		□	□	⚺	△			
21	9 54	21 59	13 14	15 12	16 54	29 39	25 10	0 31	△						⚹	⚹	☌
22	11 28	23 10	13 12	15 14	17 1	29 41	25 11	0 30		□		△	☌	□	∠	∠	
23	13 5	24 22	13 10	15 15	17 8	29 43	25 12	0 30	□		⚹	⚼			⚺	⚺	⚺
24	14 42	25 34	13 10	15 17	17 15	29 45	25 14	0 29		⚹	∠		⚺	⚹			∠
25	16 21	26 45	13D 10	15 18	17 23	29 47	25 15	0 28		∠	⚺		∠	∠	☌	☌	⚹
26	18 2	27 57	13 11	15 20	17 30	29 49	25 16	0 28	⚹			☍	⚹				
27	19 43	29♒ 9	13 13	15 21	17 37	29 51	25 17	0 27	∠	⚺	☌			⚺		⚺	
28	21 26	0♓20	13 15	15 22	17 44	29 53	25 18	0 26	⚺						⚺	∠	□
29	23 10	1 32	13 18	15 22	17 51	29 55	25 19	0 25		☌			□	☌	∠	⚹	
30	24 56	2 44	13 22	15 23	17 58	29 57	25 20	0 25			⚺	⚼			⚹		△
31	26♓43	3♓56	13♌26	15♐23	18♓ 5	29♑58	25♑21	0♐24	☌		∠	△	△	⚺			⚼

D	Saturn		Uranus		Neptune		Pluto	
M	Lat.	Dec.	Lat.	Dec.	Lat.	Dec.	Lat.	Dec.
	° ′	° ′	° ′	° ′	° ′	° ′	° ′	° ′
1	1S46	7S45	0S30	20S54	0N33	20S39	13N40	6S53
3	1 46	7 39	0 30	20 52	0 33	20 38	13 41	6 53
5	1 46	7 33	0 31	20 51	0 33	20 38	13 41	6 52
7	1 46	7 28	0 31	20 50	0 33	20 37	13 42	6 51
9	1 46	7 22	0 31	20 49	0 33	20 37	13 43	6 50
11	1 46	7 17	0 31	20 48	0 33	20 36	13 44	6 50
13	1 46	7 11	0 31	20 47	0 33	20 36	13 44	6 49
15	1 46	7 5	0 31	20 46	0 33	20 35	13 45	6 48
17	1 46	7 0	0 31	20 45	0 33	20 35	13 46	6 47
19	1 47	6 54	0 31	20 44	0 33	20 34	13 47	6 46
21	1 47	6 49	0 31	20 44	0 33	20 34	13 47	6 45
23	1 47	6 43	0 31	20 43	0 33	20 33	13 48	6 44
25	1 47	6 38	0 31	20 42	0 33	20 33	13 49	6 43
27	1 47	6 32	0 31	20 41	0 33	20 32	13 49	6 42
29	1 48	6 27	0 31	20 41	0 33	20 32	13 50	6 42
31	1S48	6S22	0S31	20S40	0N33	20S32	13N51	6S41

Mutual Aspects

1 ♀ ☌ ♅. ☉ P ♄.
2 ☿ ⚹ ♃. ☿ ⚺ ♄. ♀ ∠ ♃. ♀ ∠ ♄.
3 ☿ ☍ ♂. ♀ ⚹ ♇. ☉ P ♇.
4 ♇ Stat.
5 ☉ □ ♃. ☉ ∠ ♅.
6 ☉ ⊽ ♂. ☉ ☌ ♄.
7 ♂ ⊽ ♄.
9 ♂ △ ♃.
11 ☉ ± ♂. ☿ ⚺ ♆. ♀ ⊥ ♄.
12 ☿ Q ♃.
13 ♀ Q ♇.
14 ☿ ⚺ ♅. ♀ ☍ ♂.
15 ☿ ⊥ ♆. ☿ □ ♇. ♀ ⚹ ♃.
16 ☉ ⚹ ♆. ♀ ⚺ ♄.
18 ☿ ⊥ ♅.
19 ☉ ⚼ ♂.
20 ☉ ⚹ ♅.
21 ☉ △ ♇. ☿ ∠ ♆.
23 ☿ ⊽ ♂. ♄ P ♇.
24 ☿ □ ♃. ☿ ∠ ♅. ♀ ⚺ ♆. ♂ Stat.
25 ♀ Q ♃.
26 ☿ ☌ ♄ ☿ P ♄. ☿ P ♇.
27 ☿ ± ♂
28 ☉ Q ♆ ♀ ⚺ ♅. ♀ □ ♇.
29 ♀ ⊥ ♆.
30 ☿ ⚹ ♆. ☉ P ☿.

LAST QUARTER-Mar.23, 8h.10m. pm. (2°♑44′)

NEW MOON-Apr.29, 5h.36m. pm. (8°♉56′)

8   APRIL   1995   [RAPHAEL'S

D M	D W	Sidereal Time	☉ Long.	☉ Dec.	☽ Long.	☽ Lat.	☽ Dec.	☽ Node	Midnight ☽ Long.	☽ Dec.
		H. M. S.	° ′ ″	° ′	° ′ ″	° ′	° ′	° ′	° ′ ″	° ′
1	S	0 37 30	11 ♈ 17 47	4 N28	27 ♈ 27 25	0 N45	11 N16	6 ♏ 58	3 ♉ 34 31	12 N53
2	Su	0 41 27	12 17 0	4 51	9 ♉ 38 43	0 S22	14 21	6 55	15 40 17	15 39
3	M	0 45 24	13 16 11	5 14	21 39 35	1 27	16 46	6 52	27 36 59	17 42
4	T	0 49 20	14 15 20	5 37	3 ♊ 32 56	2 28	18 26	6 49	9 ♊ 27 53	18 58
5	W	0 53 17	15 14 26	6 0	15 22 21	3 22	19 17	6 46	21 16 52	19 23
6	Th	0 57 13	16 13 31	6 23	27 12 1	4 8	19 17	6 42	3 ♋ 8 22	18 57
7	F	1 1 10	17 12 33	6 45	9 ♋ 6 31	4 43	18 25	6 39	15 7 5	17 40
8	S	1 5 6	18 11 33	7 8	21 10 39	5 6	16 44	6 36	27 17 50	15 35
9	Su	1 9 3	19 10 30	7 30	3 ♌ 29 9	5 16	14 15	6 33	9 ♌ 45 9	12 44
10	M	1 12 59	20 9 25	7 53	16 6 19	5 11	11 3	6 30	22 33 1	9 13
11	T	1 16 56	21 8 18	8 15	29 5 37	4 50	7 15	6 27	5 ♍ 44 18	5 9
12	W	1 20 53	22 7 9	8 37	12 ♍ 29 12	4 14	2 N58	6 23	19 20 18	0 N42
13	Th	1 24 49	23 5 57	8 59	26 17 27	3 21	1 S36	6 20	3 ♎ 20 22	3 S55
14	F	1 28 46	24 4 43	9 20	10 ♎ 28 37	2 15	6 13	6 17	17 41 40	8 27
15	S	1 32 42	25 3 27	9 42	24 58 47	0 S58	10 35	6 14	2 ♏ 19 14	12 34
16	Su	1 36 39	26 2 10	10 3	9 ♏ 42 8	0 N23	14 21	6 11	17 6 34	15 56
17	M	1 40 35	27 0 50	10 25	24 31 38	1 43	17 14	6 8	1 ♐ 56 24	18 14
18	T	1 44 32	27 59 29	10 46	9 ♐ 20 0	2 57	18 56	6 4	16 41 38	19 18
19	W	1 48 28	28 58 6	11 6	24 0 36	3 58	19 21	6 1	1 ♑ 16 18	19 3
20	Th	1 52 25	29 ♈ 56 41	11 27	8 ♑ 28 14	4 43	18 28	5 58	15 36 0	17 35
21	F	1 56 22	0 ♉ 55 15	11 48	22 39 21	5 10	16 27	5 55	29 38 7	15 4
22	S	2 0 18	1 53 47	12 8	6 ♒ 32 12	5 18	13 31	5 52	13 ♒ 21 37	11 47
23	Su	2 4 15	2 52 17	12 28	20 6 25	5 8	9 55	5 48	26 46 43	7 56
24	M	2 8 11	3 50 46	12 48	3 ♓ 22 41	4 41	5 54	5 45	9 ♓ 54 28	3 S58
25	T	2 12 8	4 49 13	13 8	16 22 18	4 1	1 S41	5 42	22 46 22	0 N27
26	W	2 16 4	5 47 38	13 27	29 6 52	3 9	2 N32	5 39	5 ♈ 24 3	4 36
27	Th	2 20 1	6 46 2	13 46	11 ♈ 38 6	2 9	6 35	5 36	17 49 14	8 29
28	F	2 23 57	7 44 24	14 5	23 57 40	1 N 4	10 18	5 33	0 ♉ 3 35	11 58
29	S	2 27 54	8 42 45	14 24	6 ♉ 7 14	0 S 3	13 31	5 29	12 8 48	14 54
30	Su	2 31 50	9 ♉ 41 3	14 N43	18 ♉ 8 31	1 S 9	16 N 8	5 ♏ 26	24 ♉ 6 39	17 N10

D M	Mercury			Venus		Mars		Jupiter	
	Lat.	Dec.		Lat.	Dec.	Lat.	Dec.	Lat.	Dec.
	° ′	° ′		° ′	° ′	° ′	° ′	° ′	° ′
1	2 S 8	2 S 33	1 S 46	0 S 50	10 S 24	3 N 7	19 N44	0 N 49	21 S 49
3	2 1	0 S 58	0 S 9	0 55	9 36	3 2	19 36	0 49	21 49
5	1 51	0 N40	1 N 31	1 0	8 46	2 58	19 28	0 49	21 49
7	1 39	2 23	3 15	1 5	7 56	2 53	19 19	0 50	21 49
9	1 26	4 8	5 1	1 10	7 5	2 49	19 9	0 50	21 48
11	1 10	5 55	6 50	1 14	6 13	2 44	18 58	0 50	21 48
13	0 52	7 44	8 39	1 18	5 20	2 40	18 47	0 50	21 47
15	0 33	9 34	10 29	1 22	4 26	2 36	18 35	0 50	21 47
17	0 S13	11 24	12 18	1 25	3 32	2 32	18 23	0 50	21 46
19	0 N 8	13 11	14 3	1 28	2 38	2 28	18 10	0 50	21 45
21	0 30	14 55	15 45	1 31	1 43	2 24	17 57	0 50	21 44
23	0 52	16 33	17 20	1 33	0 S47	2 20	17 43	0 50	21 44
25	1 13	18 4	18 47	1 35	0 N 8	2 17	17 28	0 50	21 43
27	1 32	19 28	20 6	1 37	1 4	2 13	17 13	0 50	21 42
29	1 49	20 41	21 N 15	1 39	2 0	2 9	16 58	0 50	21 40
31	2 N 4	21 N46		1 S 40	2 N56	2 N 6	16 N42	0 N 50	21 S 39

FIRST QUARTER-Apr. 8. 5h.35m. am. (17°♋56′)

FULL MOON-Apr.15, 0h. 8m. pm. (25°♎ 4′)

EPHEMERIS] APRIL 1995 9

D M	☿ Long.	♀ Long.	♂ Long.	♃ Long.	♄ Long.	♅ Long.	♆ Long.	♇ Long.	Lunar Aspects ☉	☿	♀	♂	♃	♄	♅	♆	♇
	° ′	° ′	° ′	° ′	° ′	° ′	° ′	° ′									
1	28♓31	5♓ 8	13♌31	15♐23	18♓12	0♒ 0	25♑22	0♐23		⚺			⚼	∠	□	□	
2	0♈21	6 20	13 37	15R 23	18 19	0 2	25 22	0R 22	⚺		✱	□					
3	2D 12	7 32	13 44	15 23	18 26	0 3	25 23	0 21		∠				✱		△	
4	4 4	8 44	13 51	15 22	18 33	0 5	25 24	0 20	∠	✱	□				△		☍
5	5 58	9 56	13 58	15 22	18 40	0 6	25 25	0 19	✱			✱	☍	□	⚼	⚼	
6	7 54	11 8	14 7	15 21	18 47	0 8	25 25	0 18				∠					
7	9 50	12 20	14 16	15 20	18 53	0 9	25 26	0 17		□	△	⚺					
8	11 48	13 32	14 25	15 18	19 0	0 10	25 27	0 16	□					△		☍	⚼
9	13 48	14 44	14 35	15 17	19 7	0 12	25 27	0 15			⚼		⚼	⚼	☍		△
10	15 48	15 56	14 46	15 15	19 14	0 13	25 28	0 13	△	△		☌	△				
11	17 50	17 9	14 57	15 14	19 20	0 14	25 29	0 12		⚼							□
12	19 53	18 21	15 9	15 12	19 27	0 15	25 29	0 11	⚼		☍	⚺	□		⚼	⚼	
13	21 57	19 33	15 21	15 10	19 34	0 17	25 30	0 10				∠		☍	△	△	✱
14	24 2	20 45	15 34	15 7	19 40	0 18	25 30	0 9				✱	✱				∠
15	26 8	21 57	15 47	15 5	19 47	0 19	25 30	0 7	☍	☍			∠		□	□	⚺
16	28♈15	23 10	16 1	15 2	19 53	0 20	25 31	0 6			⚼	□	⚺	⚼			
17	0♉22	24 22	16 15	14 59	19 59	0 20	25 31	0 5			△			△	✱	✱	☌
18	2 29	25 34	16 30	14 56	20 6	0 21	25 32	0 3	⚼			△	☌		∠	∠	
19	4 36	26 47	16 45	14 53	20 12	0 22	25 32	0 2	△	⚼	□			□	⚺	⚺	⚺
20	6 43	27 59	17 1	14 50	20 18	0 23	25 32	0♐ 1		△		⚼	⚺				∠
21	8 49	29♓11	17 17	14 46	20 25	0 24	25 32	29♏59						✱		☌	
22	10 54	0♈24	17 33	14 42	20 31	0 24	25 33	29 58	□	□	✱		∠	∠	☌		✱
23	12 58	1D 36	17 50	14 38	20 37	0 25	25 33	29 57			∠	☍	✱	⚺		⚺	
24	15 0	2 49	18 8	14 34	20 43	0 26	25 33	29 55	✱		⚺				⚺		□
25	17 0	4 1	18 26	14 30	20 49	0 26	25 33	29 54	∠	✱			□	☌	∠	∠	
26	18 58	5 14	18 44	14 26	20 55	0 27	25 33	29 52		∠		⚼			✱	✱	△
27	20 54	6 26	19 2	14 21	21 1	0 27	25 33	29 51	⚺		☌		△				⚼
28	22 47	7 39	19 21	14 17	21 7	0 27	25R 33	29 49		⚺		△	⚼	⚺		□	
29	24 37	8 51	19 41	14 12	21 12	0 28	25 33	29 48	☌		⚺			∠	□		
30	26♉24	10♈ 4	20♌ 1	14♐ 7	21♓18	0♒28	25♑33	29♏46				□		✱			

D M	Saturn Lat.	Saturn Dec.	Uranus Lat.	Uranus Dec.	Neptune Lat.	Neptune Dec.	Pluto Lat.	Pluto Dec.
	° ′	° ′	° ′	° ′	° ′	° ′	° ′	° ′
1	1S48	6S19	0S31	20S40	0N33	20S32	13N51	6S40
3	1 48	6 14	0 31	20 39	0 33	20 31	13 51	6 39
5	1 48	6 9	0 31	20 38	0 33	20 31	13 52	6 38
7	1 49	6 4	0 31	20 38	0 33	20 31	13 53	6 37
9	1 49	5 59	0 32	20 37	0 33	20 30	13 53	6 36
11	1 49	5 54	0 32	20 37	0 33	20 30	13 53	6 36
13	1 49	5 49	0 32	20 36	0 33	20 30	13 54	6 35
15	1 50	5 44	0 32	20 36	0 33	20 30	13 54	6 34
17	1 50	5 39	0 32	20 36	0 33	20 30	13 55	6 33
19	1 50	5 34	0 32	20 35	0 33	20 29	13 55	6 32
21	1 51	5 30	0 32	20 35	0 33	20 29	13 56	6 31
23	1 51	5 25	0 32	20 35	0 33	20 29	13 56	6 30
25	1 51	5 21	0 32	20 35	0 33	20 29	13 56	6 29
27	1 52	5 16	0 32	20 35	0 33	20 29	13 56	6 29
29	1 52	5 12	0 32	20 35	0 33	20 29	13 57	6 28
31	1S52	5S 8	0S32	20S34	0N33	20S29	13N57	6S27

Mutual Aspects

1 ☿⚼♂. ♃Stat.
2 ☉⊥♀. ☉Q♅. ☿✱♅. ☿△♇. ♀⊥♅.
4 ☉△♂.
5 ☉△♃. ☉⚼♇. ♀∠♆. ☉P♄.
6 ☿Q♆.
7 ☉P♇.
8 ☿Q♅. ☉P♀.
9 ☉⚺♄. ☿△♂. ♀∇♂. ♀□♃. ♀∠♅.
10 ☿⚺♀. ☿△♃. ☿⚼♇. ♅✱♇. ♀P♇.
11 ♃∠♅. ☿P♀. ☿P♄.
12 ☿⚺♄. ♂△♃. ☿P♇. ♀P♄.
13 ♀☌♄.
14 ☉☌☿. ☉±♇. ☿±♇.
15 ☉□♆. ☿⊥♄. ☿□♆. ♀±♂. ☉P☿.
16 ☉⊥♄.
17 ☿⊥♀. ☿⚼♃. ☿□♅. ☿∇♇.
18 ♀✱♆.
19 ☿∠♄.
20 ☉⚼♃. ☉□♅. ☉∇♇.
21 ☿±♃.
22 ♀✱♅. ♀△♇.
24 ☿∇♃. ♀⚼♂. ☿P♂.
26 ☉∠♄. ☿□♂.
27 ☿✱♄. ♆Stat.
28 ☉⚺♀. ☿∠♀. ♀Q♆.
29 ☉±♃. ☿P♅. ☿P♆.
30 ☿△♆.

LAST QUARTER-Apr.22, 3h.18m. am. (1°♒33′)

NEW MOON-May 29, 9h.27m. am. (7°♊34')

10   MAY   1995   [RAPHAEL'S

D M	D W	Sidereal Time	☉ Long.	☉ Dec.	☽ Long.	☽ Lat.	☽ Dec.	☽ Node	Midnight ☽ Long.	☽ Dec.
		H. M. S.	° ' "	° '	° ' "	° '	° '	° '	° ' "	° '
1	M	2 35 47	10♉39 20	15 N 1	0♊ 3 26	2 S 12	18 N 1	5 ♍ 23	5♊59 9	18 N40
2	T	2 39 44	11 37 35	15 19	11 54 7	3 8	19 6	5 20	17 48 40	19 20
3	W	2 43 40	12 35 48	15 37	23 43 8	3 57	19 21	5 17	29 37 56	19 9
4	Th	2 47 37	13 33 59	15 55	5♋33 28	4 35	18 45	5 14	11♋30 10	18 8
5	F	2 51 33	14 32 9	16 12	17 28 32	5 2	17 19	5 10	23 29 3	16 18
6	S	2 55 30	15 30 16	16 29	29 32 14	5 15	15 6	5 7	5♌38 36	13 44
7	Su	2 59 26	16 28 21	16 46	11♌48 42	5 15	12 12	5 4	18 3 3	10 30
8	M	3 3 23	17 26 25	17 2	24 22 11	5 0	8 41	5 1	0♍46 35	6 43
9	T	3 7 19	18 24 26	17 18	7♍16 41	4 30	4 40	4 58	13 52 54	2 N31
10	W	3 11 16	19 22 26	17 34	20 35 32	3 44	0 N17	4 54	27 24 47	1 S 58
11	Th	3 15 13	20 20 24	17 50	4♎20 45	2 45	4 S 15	4 51	11♎23 23	6 30
12	F	3 19 9	21 18 19	18 5	18 32 29	1 33	8 42	4 48	25 47 42	10 48
13	S	3 23 6	22 16 14	18 20	3♏ 8 28	0 S 14	12 46	4 45	10♏34 4	14 33
14	Su	3 27 2	23 14 6	18 35	18 3 38	1 N 8	16 7	4 42	25 36 9	17 24
15	M	3 30 59	24 11 58	18 49	3♐10 29	2 27	18 23	4 39	10♐45 27	19 3
16	T	3 34 55	25 9 47	19 3	18 19 51	3 35	19 22	4 35	25 52 28	19 19
17	W	3 38 52	26 7 36	19 17	3♑22 14	4 27	18 57	4 32	10♑48 7	18 14
18	Th	3 42 48	27 5 23	19 30	18 9 18	5 1	17 14	4 29	25 25 4	15 58
19	F	3 46 45	28 3 9	19 44	2♒34 57	5 15	14 28	4 26	9♒38 35	12 47
20	S	3 50 42	29 0 54	19 56	16 35 50	5 9	10 56	4 23	23 26 40	8 59
21	Su	3 54 38	29♉58 38	20 9	0♓11 14	4 46	6 56	4 19	6♓49 43	4 50
22	M	3 58 35	0♊56 20	20 21	13 22 28	4 9	2 S 42	4 16	19 49 50	0 S 34
23	T	4 2 31	1 54 2	20 32	26 12 15	3 19	1 N33	4 13	2♈30 8	3 N37
24	W	4 6 28	2 51 43	20 44	8♈43 58	2 22	5 38	4 10	14 54 12	7 34
25	Th	4 10 24	3 49 22	20 55	21 1 15	1 19	9 25	4 7	27 5 33	11 9
26	F	4 14 21	4 47 1	21 5	3♉ 7 31	0 N13	12 45	4 4	9♉ 7 29	14 13
27	S	4 18 17	5 44 38	21 16	15 5 50	0 S 53	15 32	4 0	21 2 53	16 40
28	Su	4 22 14	6 42 15	21 26	26 58 55	1 55	17 37	3 57	2♊54 13	18 22
29	M	4 26 11	7 39 50	21 35	8♊49 2	2 52	18 56	3 54	14 43 38	19 17
30	T	4 30 7	8 37 24	21 44	20 38 15	3 42	19 25	3 51	26 33 8	19 20
31	W	4 34 4	9♊34 57	21 N53	2♋28 31	4 S 22	19 N 3	3 ♍ 48	8♋24 40	18 N33

D	Mercury				Venus				Mars				Jupiter	
M	Lat.		Dec.		Lat.		Dec.		Lat.		Dec.		Lat.	Dec.
	° '	° '			° '	° '			° '	° '			° '	° '
1	2 N 4	21 N46	22 N 14		1 S 40	2 N56	3 N24		2 N 6	16 N42	16 N 33		0 N 50	21 S 39
3	2 16	22 40	23 3		1 41	3 51	4 19		2 2 16	16 25	16 17		0 50	21 38
5	2 25	23 24	23 42		1 41	4 47	5 14		1 59	16 8	15 59		0 50	21 37
7	2 31	23 58	24 12		1 41	5 42	6 9		1 56	15 51	15 42		0 50	21 35
9	2 32	24 24	24 33		1 41	6 37	7 4		1 53	15 33	15 23		0 50	21 34
11	2 30	24 41	24 46		1 41	7 31	7 58		1 49	15 14	15 5		0 50	21 32
13	2 24	24 49	24 51		1 40	8 24	8 51		1 46	14 55	14 46		0 50	21 31
15	2 14	24 50	24 48		1 39	9 17	9 44		1 43	14 36	14 26		0 50	21 29
17	2 0	24 44	24 39		1 38	10 10	10 35		1 40	14 16	14 6		0 50	21 27
19	1 41	24 32	24 23		1 37	11 1	11 26		1 37	13 56	13 46		0 49	21 26
21	1 19	24 13	24 1		1 35	11 51	12 16		1 34	13 35	13 25		0 49	21 24
23	0 53	23 49	23 35		1 33	12 41	13 5		1 32	13 14	13 4		0 49	21 22
25	0 N24	23 19	23 3		1 31	13 29	13 53		1 29	12 53	12 42		0 49	21 20
27	0 S 8	22 46	22 28		1 28	14 16	14 39		1 26	12 31	12 20		0 49	21 18
29	0 42	22 9	21 N 49		1 26	15 2	15 N24		1 23	12 9	11 N 58		0 49	21 17
31	1 S 17	21 N29			1 S 23	15 N46			1 N 21	11 N46			0 N 48	21 S 15

FIRST QUARTER-May 7, 9h.44m. pm. (16°♌52')

FULL MOON-May 14, 8h.48m. pm. (23°♏35′)

EPHEMERIS]			MAY 1995					11
D M	☿ Long.	♀ Long.	♂ Long.	♃ Long.	♄ Long.	♅ Long.	♆ Long.	♇ Long.
	° ′	° ′	° ′	° ′	° ′	° ′	° ′	° ′
1	28♉ 7	11♈16	20♌21	14♐ 2	21♓24	0♒28	25♑33	29♏45
2	29♉47	12 29	20 41	13R 56	21 29	0 28	25R 33	29R 43
3	1♊23	13 41	21 2	13 51	21 35	0 28	25 33	29 42
4	2 55	14 54	21 23	13 45	21 41	0 28	25 32	29 40
5	4 23	16 6	21 45	13 40	21 46	0R 28	25 32	29 38
6	5 47	17 19	22 7	13 34	21 51	0 28	25 32	29 37
7	7 8	18 32	22 29	13 28	21 57	0 28	25 32	29 35
8	8 23	19 44	22 51	13 22	22 2	0 28	25 31	29 34
9	9 35	20 57	23 14	13 16	22 7	0 28	25 31	29 32
10	10 43	22 10	23 37	13 9	22 12	0 28	25 30	29 30
11	11 46	23 22	24 0	13 3	22 17	0 28	25 30	29 29
12	12 44	24 35	24 24	12 56	22 22	0 27	25 30	29 27
13	13 38	25 48	24 48	12 50	22 27	0 27	25 29	29 26
14	14 28	27 0	25 12	12 43	22 32	0 26	25 29	29 24
15	15 13	28 13	25 37	12 36	22 37	0 26	25 28	29 22
16	15 53	29♈26	26 2	12 29	22 41	0 25	25 28	29 21
17	16 28	0♉38	26 27	12 22	22 46	0 25	25 27	29 19
18	16 59	1 51	26 52	12 15	22 50	0 24	25 26	29 17
19	17 25	3 4	27 17	12 8	22 55	0 24	25 26	29 16
20	17 46	4 17	27 43	12 1	22 59	0 23	25 25	29 14
21	18 2	5 29	28 9	11 54	23 3	0 22	25 24	29 12
22	18 13	6 42	28 35	11 46	23 8	0 21	25 23	29 11
23	18 20	7 55	29 2	11 39	23 12	0 20	25 23	29 9
24	18R 22	9 8	29 28	11 31	23 16	0 20	25 22	29 7
25	18 19	10 20	29♌55	11 24	23 20	0 19	25 21	29 6
26	18 11	11 33	0♍22	11 16	23 24	0 18	25 20	29 4
27	18 0	12 46	0 50	11 9	23 28	0 17	25 19	29 2
28	17 44	13 59	1 17	11 1	23 31	0 15	25 18	29 1
29	17 25	15 12	1 45	10 54	23 35	0 14	25 17	28 59
30	17 2	16 25	2 13	10 46	23 39	0 13	25 17	28 57
31	16♊36	17♉38	2♍41	10♐38	23♓42	0♒12	25♑16	28♏56

Lunar Aspects	☉	☿	♀	♂	♃	♄	♅	♆	♇
1		☌	∠				△	△	☍
2	⚺		⚹		☍		⚼	⚼	
3	∠			⚹		□			
4		⚺		∠					
5	⚹	∠	□	⚺		△			⚼
6					⚼		☍	☍	△
7	□	⚹			△	⚼			
8			△	☌					□
9		□	⚼		□			⚼	
10	△			⚺		☍	⚼	△	
11	⚼			∠			△		⚹
12		△	☍	⚹	⚹			□	∠
13		⚼			∠	⚼	□		⚺
14	☍			□	⚺	△		⚹	
15							⚹	∠	☌
16		☍	⚼		☌	□	∠	⚺	
17			△	△			⚺		⚺
18	⚼			⚼	⚺	⚹			∠
19	△	⚼	□		∠	∠	☌	☌	⚹
20		△			⚹	⚺			
21	□		⚹	☍			⚺	⚺	□
22		□			□		∠	∠	
23	⚹		∠			☌	⚹	⚹	△
24			⚺	⚼	△				⚼
25	∠	⚹			⚼	⚺		□	
26	⚺	∠		△		∠	□		
27		⚺	●						
28				□		⚹	△	△	☍
29	☌				☍			⚼	
30		☌	⚺			□	⚼		
31			∠	⚹					

D	Saturn		Uranus		Neptune		Pluto	
M	Lat.	Dec.	Lat.	Dec.	Lat.	Dec.	Lat.	Dec.
	° ′	° ′	° ′	° ′	° ′	° ′	° ′	° ′
1	1S52	5S 8	0S32	20S34	0N33	20S29	13N57	6S27
3	1 53	5 4	0 32	20 34	0 33	20 29	13 57	6 26
5	1 53	5 0	0 32	20 35	0 33	20 29	13 57	6 25
7	1 53	4 56	0 32	20 35	0 33	20 29	13 57	6 25
9	1 54	4 52	0 33	20 35	0 33	20 30	13 57	6 24
11	1 54	4 49	0 33	20 35	0 33	20 30	13 57	6 23
13	1 55	4 45	0 33	20 35	0 33	20 30	13 57	6 23
15	1 55	4 42	0 33	20 35	0 33	20 30	13 57	6 22
17	1 55	4 38	0 33	20 36	0 33	20 30	13 57	6 21
19	1 56	4 35	0 33	20 36	0 33	20 30	13 57	6 21
21	1 56	4 32	0 33	20 36	0 33	20 31	13 57	6 20
23	1 57	4 29	0 33	20 37	0 33	20 31	13 57	6 20
25	1 57	4 26	0 33	20 37	0 33	20 31	13 57	6 19
27	1 58	4 24	0 33	20 38	0 33	20 32	13 56	6 19
29	1 58	4 21	0 33	20 38	0 33	20 32	13 56	6 19
31	1S59	4S19	0S33	20S39	0N33	20S32	13N56	6S18

Mutual Aspects

1 ☿ P ♃.
2 ☿ △ ♅. ☿ ☍ ♇. ♀ Q ♅.
3 ♀ △ ♃.
4 ☉ ⚻ ♃. ♀ ⚼ ♇.
5 ☿ Q ♄. ♂ ⚻ ♄. ☉ P ♂. ♀ P ♄. ♅ Stat.
9 ♀ P ♇.
10 ☿ ⚼ ♆. ♀ ⚺ ♄.
11 ☿ Q ♂. ♀ ± ♇.
12 ☿ ☍ ♃. ♀ △ ♂.
13 ☉ ⚹ ♄. ♀ □ ♆.
15 ☿ ⚼ ♅. ♀ ⚼ ♃. ♀ ⊥ ♄. ♂ ⚻ ♆.
16 ☉ △ ♆. ♀ ⚻ ♇.
17 ♀ □ ♅.
18 ☉ □ ♂. ☿ ∠ ♀.
20 ☉ ☍ ♇.
21 ☉ △ ♅. ♀ ± ♃.
23 ♀ ∠ ♄. ♂ □ ♇. ☉ P ♅. ☉ P ♆.
24 ♀ P ♂. ☿ Stat.
26 ☿ ⊥ ♀. ☿ Q ♂. ♀ ⚻ ♃. ♂ ⚻ ♅.
27 ☉ Q ♄. ☉ P ♃.
28 ♂ ± ♆.
30 ☿ ⚺ ♀. ☉ P ☿.

LAST QUARTER-May 21,11h.36m. am. (29°♒58′)

NEW MOON-June28, 0h.50m. am. (5°♋54′)

12   JUNE 1995   RAPHAEL'S

D M	D W	Sidereal Time	☉ Long.	☉ Dec.	☽ Long.	☽ Lat.	☽ Dec.	☽ Node	Midnight ☽ Long.	☽ Dec.
		H. M. S.	° ′ ″	° ′	° ′ ″	° ′	° ′	° ′	° ′ ″	° ′
1	Th	4 38 0	10 ♊ 32 29	22 N 2	14 ♋ 21 51	4 S 51	17 N51	3 ♏ 45	20 ♋ 20 21	16 N56
2	F	4 41 57	11 30 0	22 10	26 20 30	5 7	15 51	3 41	2 ♌ 22 38	14 35
3	S	4 45 53	12 27 29	22 17	8 ♌ 27 8	5 10	13 9	3 38	14 34 22	11 34
4	Su	4 49 50	13 24 58	22 24	20 44 47	4 59	9 51	3 35	26 58 49	8 0
5	M	4 53 46	14 22 25	22 31	3 ♍ 16 55	4 33	6 3	3 32	9 ♍ 39 33	4 N 0
6	T	4 57 43	15 19 50	22 38	16 7 11	3 54	1 N53	3 29	22 40 16	0 S 17
7	W	5 1 40	16 17 15	22 44	29 19 11	3 1	2 S 30	3 25	6 ♎ 4 18	4 42
8	Th	5 5 36	17 14 38	22 50	12 ♎ 55 53	1 56	6 53	3 22	19 54 7	9 1
9	F	5 9 33	18 12 1	22 55	26 59 1	0 S 42	11 3	3 19	4 ♏ 10 29	12 58
10	S	5 13 29	19 9 22	23 0	11 ♏ 28 13	0 N36	14 42	3 16	18 51 45	16 13
11	Su	5 17 26	20 6 42	23 4	26 20 24	1 54	17 29	3 13	3 ♐ 53 16	18 28
12	M	5 21 22	21 4 2	23 8	11 ♐ 29 18	3 5	19 6	3 10	19 7 17	19 24
13	T	5 25 19	22 1 20	23 12	26 45 54	4 3	19 21	3 6	4 ♑ 23 48	18 56
14	W	5 29 15	22 58 38	23 15	11 ♑ 59 36	4 44	18 11	3 3	19 32 3	17 7
15	Th	5 33 12	23 55 56	23 18	26 59 58	5 5	15 46	3 0	4 ♒ 22 22	14 11
16	F	5 37 9	24 53 13	23 20	11 ♒ 38 28	5 5	12 24	2 57	18 47 43	10 28
17	S	5 41 5	25 50 29	23 22	25 49 45	4 46	8 25	2 54	2 ♓ 44 3	6 17
18	Su	5 45 2	26 47 46	23 24	9 ♓ 31 46	4 11	4 S 7	2 51	16 12 1	1 S 56
19	M	5 48 58	27 45 2	23 25	22 45 29	3 24	0 N15	2 47	29 12 36	2 N23
20	T	5 52 55	28 42 17	23 26	5 ♈ 33 53	2 28	4 28	2 44	11 ♈ 49 55	6 29
21	W	5 56 51	29 ♊ 39 33	23 26	18 1 16	1 26	8 23	2 41	24 8 33	10 12
22	Th	6 0 48	0 ♋ 36 48	23 26	0 ♉ 12 23	0 N21	11 53	2 38	6 ♉ 13 19	13 25
23	F	6 4 44	1 34 3	23 26	12 11 57	0 S 43	14 49	2 35	18 8 46	16 3
24	S	6 8 41	2 31 18	23 25	24 4 18	1 45	17 6	2 31	29 58 58	17 58
25	Su	6 12 38	3 28 33	23 24	5 ♊ 53 12	2 41	18 38	2 28	11 ♊ 47 20	19 7
26	M	6 16 34	4 25 48	23 22	17 41 42	3 31	19 22	2 25	23 36 35	19 25
27	T	6 20 31	5 23 2	23 20	29 32 14	4 11	19 15	2 22	5 ♋ 28 52	18 52
28	W	6 24 27	6 20 17	23 17	11 ♋ 26 41	4 41	18 17	2 19	17 25 51	17 29
29	Th	6 28 24	7 17 31	23 14	23 26 33	4 58	16 30	2 16	29 28 56	15 20
30	F	6 32 20	8 ♋ 14 44	23 N11	5 ♌ 33 11	5 S 3	13 N59	2 ♏ 12	11 ♌ 39 30	12 N29

D M	Mercury Lat.	Dec.	Venus Lat.	Dec.	Mars Lat.	Dec.	Jupiter Lat.	Dec.
	° ′	° ′	° ′	° ′	° ′	° ′	° ′	° ′
1	1 S 34	21 N 9	1 S 21	16 N 8	1 N 19	11 N35	0 N 48	21 S 14
3	2 8	20 29	1 18	16 50	1 17	11 23	0 48	21 12
5	2 40	19 49	1 14	17 30	1 14	10 48	0 48	21 10
7	3 9	19 13	1 11	18 8	1 12	10 24	0 47	21 8
9	3 34	18 41	1 7	18 45	1 9	10 0	0 47	21 6
11	3 53	18 14	1 3	19 20	1 7	9 35	0 47	21 4
13	4 8	17 54	0 59	19 53	1 5	9 10	0 47	21 2
15	4 17	17 42	0 54	20 23	1 2	8 45	0 46	21 0
17	4 21	17 37	0 50	20 52	1 0	8 19	0 46	20 58
19	4 20	17 40	0 45	21 18	0 58	7 53	0 46	20 56
21	4 14	17 49	0 41	21 42	0 56	7 27	0 45	20 54
23	4 5	18 5	0 36	22 4	0 53	7 0	0 45	20 53
25	3 52	18 27	0 31	22 23	0 51	6 33	0 45	20 51
27	3 35	18 53	0 27	22 39	0 49	6 6	0 44	20 49
29	3 17	19 23	0 22	22 53	0 47	5 39	0 44	20 48
31	2 S 56	19 N56	0 S 17	23 N 5	0 N 45	5 N11	0 N 43	20 S 46

FIRST QUARTER-June 6,10h.26m. am. (15°♍16′)

FULL MOON-June13, 4h. 3m. am. (21°♐ 42′)

D M	☿ Long. ° ′	♀ Long. ° ′	♂ Long. ° ′	♃ Long. ° ′	♄ Long. ° ′	♅ Long. ° ′	♆ Long. ° ′	♇ Long. ° ′	☉	☿	♀	♂	♃	♄	♅	♆	♇
1	16♊ 8	18♉50	3♍10	10♐31	23♓45	0♒11	25♑15	28♏54	⚺	⚺	⚹	∠					⚼
2	15R 37	20 3	3 38	10R 23	23 49	0R 9	25R 14	28R 53	∠	∠			⚼	△	☍	☍	△
3	15 5	21 16	4 7	10 15	23 52	0 8	25 12	28 51	⚹			⚺	△	⚼			
4	14 32	22 29	4 36	10 8	23 55	0 7	25 11	28 49		⚹	□						
5	13 58	23 42	5 5	10 0	23 58	0 5	25 10	28 48				☌					□
6	13 25	24 55	5 35	9 53	24 1	0 4	25 9	28 46	□	□			□		⚼	⚼	
7	12 52	26 8	6 4	9 45	24 4	0 2	25 8	28 45			△			☍	△	△	⚹
8	12 21	27 21	6 34	9 38	24 7	0♒ 1	25 7	28 43	△	△	⚼	⚺	⚹				∠
9	11 51	28 34	7 4	9 30	24 9	29♑59	25 6	28 42	⚼	⚼		∠	∠		□	□	⚺
10	11 24	29♉47	7 34	9 23	24 12	29 58	25 4	28 40				⚹	⚺	⚼			
11	10 59	1♊ 0	8 4	9 15	24 14	29 56	25 3	28 39			☍			△	⚹	⚹	☌
12	10 38	2 13	8 34	9 8	24 17	29 54	25 2	28 37		☍		□	☌		∠	∠	
13	10 20	3 26	9 5	9 0	24 19	29 53	25 1	28 36	☍					□	⚺	⚺	⚺
14	10 6	4 39	9 35	8 53	24 21	29 51	24 59	28 34				△	⚺				∠
15	9 56	5 52	10 6	8 46	24 23	29 49	24 58	28 33		⚼	⚼	⚼	∠	⚹	☌	☌	⚹
16	9 50	7 5	10 37	8 39	24 25	29 47	24 57	28 31	⚼	△	△		⚹	∠			
17	9D 49	8 18	11 8	8 32	24 27	29 46	24 55	28 30	△					⚺	⚺	⚺	□
18	9 52	9 31	11 39	8 25	24 29	29 44	24 54	28 28		□	□	☍	□		∠	∠	
19	10 0	10 44	12 11	8 18	24 31	29 42	24 53	28 27	□					☌		⚹	△
20	10 12	11 57	12 42	8 11	24 33	29 40	24 51	28 26		⚹			△		⚹		
21	10 30	13 11	13 14	8 5	24 34	29 38	24 50	28 24			⚹		⚼				⚼
22	10 51	14 24	13 46	7 58	24 36	29 36	24 48	28 23	⚹	∠	∠	⚼		⚺	□	□	
23	11 18	15 37	14 18	7 52	24 37	29 34	24 47	28 22	∠	⚺	⚺	△		∠			
24	11 49	16 50	14 50	7 45	24 38	29 32	24 45	28 20						⚹	△	△	☍
25	12 24	18 3	15 22	7 39	24 39	29 30	24 44	28 19	⚺				☍			⚼	
26	13 4	19 17	15 55	7 33	24 40	29 28	24 42	28 18		●	☌	□			⚼		
27	13 49	20 30	16 27	7 27	24 41	29 26	24 41	28 16						□			
28	14 37	21 43	17 0	7 21	24 42	29 24	24 39	28 15	☌	⚺		⚹					⚼
29	15 30	22 56	17 33	7 15	24 43	29 21	24 38	28 14			⚺		⚼	△	☍	☍	△
30	16♊27	24♊10	18♍ 5	7♐ 9	24♓43	29♑19	24♑36	28♏13	⚺	∠	∠	∠	△	⚼			

D M	Saturn Lat. ° ′	Saturn Dec. ° ′	Uranus Lat. ° ′	Uranus Dec. ° ′	Neptune Lat. ° ′	Neptune Dec. ° ′	Pluto Lat. ° ′	Pluto Dec. ° ′
1	1S59	4S18	0S33	20S39	0N33	20S32	13N56	6S18
3	1 59	4 16	0 33	20 40	0 33	20 33	13 55	6 18
5	2 0	4 14	0 33	20 40	0 33	20 33	13 55	6 18
7	2 0	4 12	0 33	20 41	0 33	20 34	13 54	6 17
9	2 1	4 10	0 33	20 42	0 33	20 34	13 54	6 17
11	2 1	4 9	0 34	20 43	0 33	20 34	13 54	6 17
13	2 2	4 7	0 34	20 43	0 33	20 35	13 53	6 17
15	2 2	4 6	0 34	20 44	0 33	20 35	13 52	6 17
17	2 3	4 5	0 34	20 45	0 33	20 36	13 52	6 17
19	2 3	4 4	0 34	20 46	0 33	20 36	13 51	6 17
21	2 4	4 3	0 34	20 47	0 33	20 37	13 51	6 17
23	2 4	4 3	0 34	20 47	0 33	20 37	13 50	6 17
25	2 5	4 2	0 34	20 48	0 33	20 38	13 49	6 17
27	2 6	4 2	0 34	20 49	0 33	20 38	13 49	6 17
29	2 6	4 2	0 34	20 50	0 33	20 39	13 48	6 18
31	2S 7	4S 2	0S34	20S51	0N33	20S39	13N47	6S18

Mutual Aspects

1 ☉☍♃. ☉⚼♆. ☿ P ♃.
2 ☿ P ♅.
3 ☿⚼♅. ♃∠♆. ☿ P ♆.
5 ☉☌☿. ♀⚹♄.
6 ☉⚼♅. ♀△♆.
7 ♂±♅.
9 ♀☍♇. ☿ P ♀.
10 ☉±♆. ♀△♅.
13 ♂□♃.
15 ☉□♄. ☉±♅. ☿□♂. ☿⚼♆. ♀Q♄. ♂⚼♆.
16 ☉∇♆. ♀ P ♅. ♀ P ♆.
17 ♀☍♃. ♀ P ♃. ☿ Stat.
18 ☿☌♀. ☿⚼♆. ♀⚼♆.
20 ☉∇♇.
21 ☉∇♅. ♀□♂.
22 ♀⚼♅.
23 ♂⚼♅.
25 ☉Q♂.
26 ☉±♇. ♀±♆. ♂ P ♇.
27 ♂Q♇. ♄⚹♆. ♃ P ♅.
28 ☿⚼♅.
29 ☉∇♃. ♀±♅.
30 ♀□♄. ♀∇♆.

LAST QUARTER-June19,10h. 1m. pm. (28°♓ 9′)

NEW MOON-July 27, 3h.13m. pm. (4°♌ 8′)

14   JULY 1995   [RAPHAEL'S

D M	D W	Sidereal Time	☉ Long.	☉ Dec.	☽ Long.	☽ Lat.	☽ Dec.	☽ Node	Midnight ☽ Long.	☽ Dec.
		H. M. S.	° ′ ″	° ′	° ′ ″	° ′	° ′	° ′	° ′ ″	° ′
1	S	6 36 17	9♋11 58	23 N 7	17♌48 4	4 S 53	10 N 50	2 ♏ 9	23♌59 6	9 N 4
2	Su	6 40 13	10 9 11	23 3	0♍12 54	4 30	7 11	2 6	6♍29 43	5 13
3	M	6 44 10	11 6 24	22 58	12 49 53	3 53	3 N 9	2 3	19 13 44	1 N 3
4	T	6 48 7	12 3 36	22 53	25 41 38	3 3	1 S 6	2 0	2♎13 56	3 S 15
5	W	6 52 3	13 0 48	22 48	8♎51 3	2 3	5 24	1 57	15 33 18	7 30
6	Th	6 56 0	13 58 0	22 42	22 21 1	0 S 55	9 33	1 53	29 14 27	11 30
7	F	6 59 56	14 55 12	22 36	6♏13 47	0 N 19	13 18	1 50	13♏19 4	14 57
8	S	7 3 53	15 52 23	22 30	20 30 13	1 33	16 23	1 47	27 47 0	17 34
9	Su	7 7 49	16 49 34	22 23	5♐9 0	2 43	18 29	1 44	12♐35 34	19 5
10	M	7 11 46	17 46 46	22 15	20 5 54	3 43	19 22	1 41	27 39 0	19 17
11	T	7 15 42	18 43 57	22 8	5♑13 43	4 28	18 52	1 37	12♑48 46	18 6
12	W	7 19 39	19 41 8	22 0	20 22 50	4 55	17 2	1 34	27 54 37	15 40
13	Th	7 23 36	20 38 20	21 51	5♒22 51	5 1	14 3	1 31	12♒46 25	12 14
14	F	7 27 32	21 35 32	21 42	20 4 21	4 47	10 15	1 28	27 15 53	8 9
15	S	7 31 29	22 32 44	21 33	4♓20 28	4 15	5 58	1 25	11♓17 46	3 S 44
16	Su	7 35 25	23 29 57	21 24	18 7 41	3 29	1 S 30	1 22	24 50 16	0 N 44
17	M	7 39 22	24 27 10	21 14	1♈25 44	2 33	2 N 54	1 18	7♈54 29	5 0
18	T	7 43 18	25 24 24	21 3	14 16 59	1 30	7 1	1 15	20 33 48	8 56
19	W	7 47 15	26 21 39	20 53	26 45 31	0 N 26	10 43	1 12	2♉52 48	12 22
20	Th	7 51 11	27 18 54	20 42	8♉56 20	0 S 39	13 52	1 9	14 56 46	15 12
21	F	7 55 8	28 16 11	20 30	20 54 46	1 40	16 22	1 6	26 50 58	17 21
22	S	7 59 5	29♋13 28	20 19	2♊45 57	2 37	18 9	1 3	8♊40 17	18 44
23	Su	8 3 1	0♌10 45	20 7	14 34 31	3 26	19 8	0 59	20 29 5	19 19
24	M	8 6 58	1 8 4	19 54	26 24 24	4 7	19 17	0 56	2♋20 52	19 2
25	T	8 10 54	2 5 23	19 42	8♋18 46	4 37	18 34	0 53	14 18 22	17 54
26	W	8 14 51	3 2 43	19 29	20 19 53	4 55	17 2	0 50	26 23 30	15 59
27	Th	8 18 47	4 0 4	19 15	2♌29 20	5 0	14 44	0 47	8♌37 29	13 19
28	F	8 22 44	4 57 26	19 2	14 48 1	4 51	11 45	0 43	21 1 10	3
29	S	8 26 40	5 54 48	18 48	27 16 33	4 28	8 13	0 40	3♍34 39	6 17
30	Su	8 30 37	6 52 11	18 33	9♍55 24	3 51	4 16	0 37	16 18 54	2 N 12
31	M	8 34 34	7♌49 34	18 N 19	22♍45 17	3 S 3	0 N 5	0 ♏ 34	29♍14 41	2 S 4

D M	Mercury Lat.	Dec.	Venus Lat.	Dec.	Mars Lat.	Dec.	Jupiter Lat.	Dec.
	° ′	° ′	° ′	° ′	° ′	° ′	° ′	° ′
1	2 S 56	19 N 56	0 S 17	23 N 5	0 N 45	5 N 11	0 N 43	20 S 46
3	2 33	20 30	0 12	23 13	0 43	4 43	0 43	20 45
5	2 9	21 4	0 7	23 19	0 41	4 15	0 43	20 44
7	1 43	21 37	0 S 2	23 23	0 39	3 46	0 42	20 43
9	1 18	22 8	0 N 3	23 23	0 37	3 18	0 42	20 41
11	0 52	22 34	0 8	23 21	0 35	2 49	0 41	20 40
13	0 27	22 54	0 13	23 16	0 33	2 20	0 41	20 40
15	0 S 2	23 8	0 17	23 8	0 31	1 51	0 41	20 39
17	0 N 21	23 12	0 22	22 58	0 29	1 21	0 40	20 38
19	0 41	23 6	0 27	22 45	0 28	0 52	0 40	20 38
21	1 0	22 50	0 31	22 29	0 26	0 N 22	0 39	20 37
23	1 15	22 23	0 36	22 10	0 24	0 S 8	0 39	20 37
25	1 28	21 46	0 40	21 49	0 22	0 38	0 38	20 37
27	1 37	20 59	0 44	21 26	0 20	1 8	0 38	20 37
29	1 43	20 3	0 48	20 59	0 19	1 38	0 38	20 37
31	1 N 46	18 N 59	0 N 52	20 N 31	0 N 17	2 S 8	0 N 37	20 S 37

FIRST QUARTER-July 5. 8h. 2m. pm. (13°♎20′)

FULL MOON-July12,10h.49m. am. (19°♑38′)

D	☿	♀	♂	♃	♄	♅	♆	♇	Lunar Aspects								
M	Long.	Long.	Long.	Long.	Long.	Long.	Long.	Long.	☉	☿	♀	♂	♃	♄	♅	♆	♇
	° ′	° ′	° ′	° ′	° ′	° ′	° ′	° ′									
1	17♊29	25♊23	18♍39	7♐ 4	24♓44	29♑17	24♑35	28♏12		✱		⊻					
2	18 34	26 36	19 12	6R 58	24 44	29R 15	24R 33	28R 11	∠		✱						□
3	19 44	27 50	19 45	6 53	24 45	29 13	24 32	28 10	✱				□		⚼	⚼	
4	20 57	29♊ 3	20 18	6 48	24 45	29 10	24 30	28 8		□	□	☌		☍	△	△	✱
5	22 15	0♋16	20 52	6 43	24 45	29 8	24 29	28 7	□				✱				∠
6	23 36	1 30	21 26	6 38	24R 45	29 6	24 27	28 6		△		⊻	∠		□	□	⊻
7	25 1	2 43	21 59	6 34	24 45	29 3	24 25	28 5		⚼	△	∠	⊻	⚼			
8	26 31	3 57	22 33	6 29	24 45	29 1	24 24	28 4	△		⚼	✱		△		✱	
9	28 3	5 10	23 7	6 25	24 45	28 59	24 22	28 3	⚼				☌		✱	∠	☌
10	29♊40	6 23	23 41	6 21	24 44	28 57	24 21	28 3				□		□	∠	⊻	
11	1♋20	7 37	24 16	6 17	24 44	28 54	24 19	28 2		☍	☍		⊻		⊻		⊻
12	3 3	8 50	24 50	6 13	24 43	28 52	24 17	28 1	☍			△	∠	✱		☌	∠
13	4 50	10 4	25 24	6 9	24 43	28 49	24 16	28 0				⚼	✱	∠	☌		✱
14	6 39	11 17	25 59	6 5	24 42	28 47	24 14	27 59		⚼	⚼			⊻		⊻	
15	8 32	12 31	26 34	6 2	24 41	28 45	24 13	27 58	⚼	△			□		⊻	∠	□
16	10 28	13 45	27 8	5 59	24 40	28 42	24 11	27 58	△		△			☌	∠	✱	
17	12 26	14 58	27 43	5 56	24 39	28 40	24 9	27 57				☍	△		✱		△
18	14 26	16 12	28 18	5 53	24 38	28 38	24 8	27 56		□	□						⚼
19	16 28	17 25	28 53	5 50	24 37	28 35	24 6	27 56	□				⚼	⊻	□	□	
20	18 32	18 39	29♍29	5 48	24 35	28 33	24 4	27 55				⚼		∠			
21	20 37	19 53	0♎ 4	5 46	24 34	28 30	24 3	27 54		✱	✱			✱		△	
22	22 44	21 6	0 39	5 43	24 32	28 28	24 1	27 54	✱		∠	△	☍		△		☍
23	24 50	22 20	1 15	5 41	24 31	28 25	24 0	27 53	∠	∠					⚼	⚼	
24	26 58	23 34	1 50	5 40	24 29	28 23	23 58	27 53	⊻	⊻	⊻	□		□			
25	29♋ 5	24 48	2 26	5 38	24 27	28 21	23 56	27 52									⚼
26	1♌13	26 2	3 2	5 37	24 25	28 18	23 55	27 52					⚼	△		☍	
27	3 19	27 15	3 38	5 35	24 23	28 16	23 53	27 51	☌	☌	☌	✱	△		☍		△
28	5 26	28 29	4 14	5 34	24 21	28 14	23 52	27 51				∠		⚼			
29	7 31	29♋43	4 50	5 33	24 19	28 11	23 50	27 51			⊻						□
30	9 35	0♌57	5 26	5 33	24 16	28 9	23 48	27 50	⊻	⊻		⊻	□		⚼	⚼	
31	11♌39	2♌11	6♎ 3	5♐ 32	24♓14	28♑ 6	23♑47	27♏50	∠	∠	∠			☍	△	△	✱

D	Saturn		Uranus		Neptune		Pluto	
M	Lat.	Dec.	Lat.	Dec.	Lat.	Dec.	Lat.	Dec.
	° ′	° ′	° ′	° ′	° ′	° ′	° ′	° ′
1	2S 7	4S 2	0S34	20S51	0N33	20S39	13N47	6S18
3	2 7	4 2	0 34	20 52	0 33	20 40	13 46	6 18
5	2 8	4 2	0 34	20 53	0 33	20 41	13 45	6 18
7	2 8	4 3	0 34	20 54	0 33	20 41	13 45	6 19
9	2 9	4 3	0 34	20 55	0 33	20 42	13 44	6 19
11	2 9	4 4	0 34	20 56	0 33	20 42	13 43	6 20
13	2 10	4 5	0 34	20 57	0 33	20 43	13 42	6 20
15	2 10	4 6	0 34	20 58	0 33	20 44	13 41	6 21
17	2 11	4 8	0 34	20 59	0 33	20 44	13 40	6 21
19	2 11	4 9	0 34	21 0	0 33	20 45	13 39	6 22
21	2 12	4 11	0 34	21 1	0 33	20 45	13 38	6 23
23	2 12	4 12	0 34	21 2	0 33	20 46	13 37	6 23
25	2 13	4 14	0 34	21 3	0 33	20 46	13 36	6 24
27	2 13	4 16	0 34	21 4	0 33	20 47	13 35	6 25
29	2 14	4 18	0 34	21 5	0 33	20 48	13 34	6 26
31	2S14	4S21	0S34	21S 6	0N33	20S48	13N33	6S27

Mutual Aspects

1 ☉P♀.
2 ☿±♆.
3 ☿□♂. ♀∇♇.
4 ♀∇♅. ☿P♃. ☿P♅. ☿P♆.
5 ☉±♃. ☉⚼♇.
6 ☿±♅. ♂P♄. ♄ Stat.
7 ☿□♄. ☿∇♆.
8 ♀±♇.
9 ☿∇♇. ♃P♆.
10 ☿∇♅. ♀∇♃. ☉P☿.
11 ♂Q♃. ♂△♆.
12 ♂☍♄.
13 ☿±♇.
14 ☉⚼♃. ☿∇♃.
15 ♀±♃. ♀⚼♇. ☿P♀.
17 ☉△♄. ☉☍♆. ☿±♃. ☿⚼♇. ♂✱♇.
18 ♀Q♂. ☉P♅.
19 ☿Q♂. ♂△♅.
20 ☿☌♀. ☉P♃. ☉P♆.
21 ☉☍♅. ☉△♇. ☿⚼♃.
22 ♀⚼♃.
23 ☿△♄. ☿☍♆.
24 ☿△♇. ♀☍♆.
25 ☿☍♅. ♀△♄. ☿P♀.
26 ☉✱♂.
27 ☿✱♂. ♀△♇. ☿P♅. ☿P♆.
28 ☉☌☿. ☿△♃. ♀☍♅. ☿P♃.
29 ☉△♃. ♀P♅.
30 ☿⚼♄. ♂✱♃. ♀P♆.
31 ♀P♃.

LAST QUARTER-July19,11h.10m. am. (26°♈20′)

NEW MOON-Aug.26, 4h.31m. am. (2°♍29′)

16   AUGUST   1995   [RAPHAEL'S

D M	D W	Sidereal Time	☉ Long.	☉ Dec.	☽ Long.	☽ Lat.	☽ Dec.	☽ Node	Midnight ☽ Long.	☽ Dec.
		H. M. S.	° ′ ″	° ′	° ′ ″	° ′	° ′	° ′	° ′ ″	° ′
1	T	8 38 30	8♌46 58	18 N 4	5♎47 16	2 S 4	4 S 12	0 ♍ 31	12 ♎ 23 15	6 S 18
2	W	8 42 27	9 44 22	17 49	19 2 51	0 S 57	8 20	0 28	25 46 17	10 18
3	Th	8 46 23	10 41 48	17 33	2♏33 45	0 N 14	12 8	0 24	9 ♏ 25 29	13 50
4	F	8 50 20	11 39 14	17 17	16 21 37	1 26	15 21	0 21	23 22 14	16 40
5	S	8 54 16	12 36 40	17 1	0♐27 19	2 34	17 44	0 18	7 ♐ 36 47	18 32
6	Su	8 58 13	13 34 7	16 45	14 50 22	3 34	19 2	0 15	22 7 41	19 13
7	M	9 2 9	14 31 35	16 28	29 28 10	4 21	19 5	0 12	6♑51 9	18 38
8	T	9 6 6	15 29 4	16 12	14♑15 45	4 51	17 51	0 8	21 41 2	16 46
9	W	9 10 3	16 26 34	15 54	29 5 58	5 2	15 25	0 5	6 ≈ 29 27	13 49
10	Th	9 13 59	17 24 5	15 37	13≈50 25	4 52	12 0	0 ♍ 2	21 7 51	10 1
11	F	9 17 56	18 21 36	15 19	28 20 51	4 24	7 55	29 ♎ 59	5 ♓ 28 37	5 43
12	S	9 21 52	19 19 9	15 2	12 ♓ 30 32	3 40	3 S 29	29 56	19 26 11	1 S 13
13	Su	9 25 49	20 16 43	14 44	26 15 16	2 44	1 N 1	29 53	2 ♈ 57 42	3 N 12
14	M	9 29 45	21 14 18	14 25	9 ♈ 33 34	1 40	5 20	29 49	16 3 5	7 21
15	T	9 33 42	22 11 55	14 7	22 26 34	0 N 34	9 15	29 46	28 44 29	11 2
16	W	9 37 38	23 9 34	13 48	4 ♉ 57 20	0 S 33	12 39	29 43	11 ♉ 5 43	14 7
17	Th	9 41 35	24 7 14	13 29	17 7 10	1 37	15 25	29 40	23 11 35	16 32
18	F	9 45 32	25 4 55	13 10	29 10 23	2 35	17 27	29 37	5 ♊ 7 19	18 11
19	S	9 49 28	26 2 38	12 50	11 ♊ 3 1	3 26	18 42	29 34	16 58 7	19 1
20	Su	9 53 25	27 0 23	12 31	22 53 14	4 8	19 8	29 30	28 48 55	19 1
21	M	9 57 21	27 58 9	12 11	4 ♋ 45 43	4 39	18 42	29 27	10 ♋ 44 4	18 11
22	T	10 1 18	28 55 57	11 51	16 44 24	4 58	17 27	29 24	22 47 5	16 32
23	W	10 5 14	29♌53 47	11 30	28 52 25	5 4	15 25	29 21	5 ♌ 0 39	14 7
24	Th	10 9 11	0♍51 38	11 10	11 ♌ 11 56	4 57	12 39	29 18	17 26 24	11 2
25	F	10 13 7	1 49 31	10 49	23 44 8	4 35	9 17	29 14	0 ♍ 5 7	7 24
26	S	10 17 4	2 47 25	10 29	6♍29 22	3 59	5 26	29 11	12 56 47	3 N 23
27	Su	10 21 1	3 45 20	10 8	19 27 19	3 10	1 N 16	29 8	26 0 52	0 S 53
28	M	10 24 57	4 43 17	9 47	2♎37 20	2 10	3 S 29	29 5	9 ♎ 16 39	5 9
29	T	10 28 54	5 41 16	9 25	15 58 44	1 S 2	7 14	29 2	22 43 30	9 14
30	W	10 32 50	6 39 16	9 4	29 30 57	0 N 11	11 8	28 59	6 ♏ 21 2	12 54
31	Th	10 36 47	7♍37 17	8 N 43	13 ♏ 13 44	1 N 23	14 S 29	28 ♎ 55	20 ♏ 9 3	15 S 52

D	Mercury		Venus		Mars		Jupiter	
M	Lat.	Dec.	Lat.	Dec.	Lat.	Dec.	Lat.	Dec.
	° ′	° ′	° ′	° ′	° ′	° ′	° ′	° ′
1	1 N 47	18 N 25	0 N 54	20 N 16	0 N 16	2 S 24	0 N 37	20 S 37
3	1 46	17 13	0 57	19 44	0 14	2 54	0 36	20 38
5	1 42	15 55	1 1	19 9	0 13	3 25	0 36	20 38
7	1 36	14 34	1 4	18 33	0 11	3 55	0 36	20 39
9	1 29	13 11	1 7	17 54	0 9	4 26	0 35	20 40
11	1 19	11 45	1 10	17 13	0 8	4 56	0 35	20 41
13	1 8	10 18	1 12	16 31	0 6	5 27	0 34	20 42
15	0 56	8 51	1 15	15 47	0 5	5 57	0 34	20 43
17	0 42	7 23	1 17	15 0	0 3	6 28	0 34	20 44
19	0 28	5 56	1 19	14 13	0 N 1	6 58	0 33	20 45
21	0 N 12	4 29	1 20	13 23	0 0	7 29	0 33	20 47
23	0 S 4	3 3	1 22	12 32	0 S 2	7 59	0 32	20 49
25	0 21	1 39	1 23	11 40	0 3	8 30	0 32	20 50
27	0 38	0 N 16	1 24	10 47	0 5	9 0	0 31	20 52
29	0 56	1 S 4	1 24	9 52	0 6	9 30	0 31	20 54
31	1 S 14	2 S 23	1 N 25	8 N 56	0 S 8	10 S 0	0 N 31	20 S 56

FIRST QUARTER-Aug. 4, 3h.16m. am. (11°♏18′)

FULL MOON-Aug.10, 6h.16m. pm. (17°♒39′)

EPHEMERIS] AUGUST 1995 17

D M	☿ Long.	♀ Long.	♂ Long.	♃ Long.	♄ Long.	♅ Long.	♆ Long.	♇ Long.	☉	☿	♀	♂	♃	♄	♅	♆	♇
	° ′	° ′	° ′	° ′	° ′	° ′	° ′	° ′									
1	13♌41	3♌25	6♎39	5♐32	24♓12	28♑ 4	23♑45	27♏50	⚹		⚹	☌	⚹				
2	15 41	4 39	7 15	5R 32	24R 9	28R 2	23R 44	27R 50		⚹			∠			□	∠
3	17 41	5 52	7 52	5D 32	24 6	27 59	23 42	27 49			□	⊻	⊻	⚼	□		⊻
4	19 38	7 6	8 29	5 32	24 4	27 57	23 41	27 49	□	□							
5	21 35	8 20	9 6	5 33	24 1	27 55	23 39	27 49				∠	☌	△	⚹	⚹	☌
6	23 29	9 34	9 42	5 33	23 58	27 52	23 38	27 49	△		△	⚹			∠	∠	
7	25 23	10 48	10 19	5 34	23 55	27 50	23 36	27 49	⚼	△	⚼		⊻	□	⊻	⊻	⊻
8	27 14	12 2	10 56	5 35	23 52	27 48	23 35	27 49		⚼		□	∠				∠
9	29♌ 5	13 16	11 34	5 36	23 49	27 46	23 33	27D 49					⚹	⚹	☌	☌	⚹
10	0♍53	14 31	12 11	5 37	23 46	27 43	23 32	27 49	☍		☍	△		∠			
11	2 40	15 45	12 48	5 39	23 43	27 41	23 30	27 49		☍		⚼		⊻	⊻	⊻	□
12	4 26	16 59	13 25	5 41	23 39	27 39	23 29	27 49					□		∠	∠	
13	6 10	18 13	14 3	5 43	23 36	27 37	23 27	27 49						☌	⚹	⚹	△
14	7 52	19 27	14 41	5 45	23 32	27 35	23 26	27 50	⚼		⚼	☍	△				⚼
15	9 33	20 41	15 18	5 47	23 29	27 33	23 25	27 50	△	⚼	△		⚼	⊻	□	□	
16	11 13	21 55	15 56	5 49	23 25	27 31	23 23	27 50						∠			
17	12 51	23 9	16 34	5 52	23 22	27 28	23 22	27 50		△							
18	14 27	24 24	17 12	5 55	23 18	27 26	23 21	27 51	□		□	⚼		⚹	△	△	☍
19	16 2	25 38	17 50	5 58	23 14	27 24	23 19	27 51		□			☍		⚼	⚼	
20	17 36	26 52	18 28	6 1	23 10	27 22	23 18	27 51	⚹		⚹	△		□			
21	19 8	28 6	19 6	6 4	23 6	27 20	23 17	27 52									
22	20 39	29♌21	19 44	6 7	23 2	27 18	23 16	27 52	∠	⚹	∠	□	⚼				⚼
23	22 8	0♍35	20 23	6 11	22 58	27 17	23 14	27 53	⊻		⊻			△	☍	☍	△
24	23 36	1 49	21 1	6 15	22 54	27 15	23 13	27 53		∠			△	⚼			
25	25 3	3 4	21 40	6 19	22 50	27 13	23 12	27 54		⊻		⚹					□
26	26 28	4 18	22 18	6 23	22 46	27 11	23 11	27 54	☌		☌	∠	□		⚼	⚼	
27	27 51	5 32	22 57	6 27	22 42	27 9	23 10	27 55				⊻		☍		△	
28	29♍13	6 47	23 36	6 32	22 38	27 7	23 8	27 56	⊻	☌	⊻		⚹		△		⚹
29	0♎33	8 1	24 15	6 36	22 33	27 6	23 7	27 56	∠				∠				∠
30	1 51	9 15	24 54	6 41	22 29	27 4	23 6	27 57		⊻	∠	●			□	□	⊻
31	3♎ 8	10♍30	25♎33	6♐46	22♓25	27♑ 2	23♑ 5	27♏58	⚹	∠	⚹		⊻	⚼			

D M	Saturn Lat.	Saturn Dec.	Uranus Lat.	Uranus Dec.	Neptune Lat.	Neptune Dec.	Pluto Lat.	Pluto Dec.
	° ′	° ′	° ′	° ′	° ′	° ′	° ′	° ′
1	2S14	4S22	0S34	21S 6	0N33	20S48	13N33	6S27
3	2 15	4 24	0 34	21 7	0 33	20 49	13 32	6 28
5	2 15	4 27	0 34	21 8	0 33	20 50	13 31	6 29
7	2 16	4 29	0 34	21 9	0 33	20 50	13 30	6 30
9	2 16	4 32	0 34	21 10	0 33	20 51	13 29	6 31
11	2 17	4 35	0 34	21 11	0 33	20 51	13 28	6 32
13	2 17	4 38	0 34	21 12	0 33	20 52	13 27	6 33
15	2 17	4 41	0 34	21 13	0 33	20 52	13 26	6 34
17	2 18	4 45	0 34	21 13	0 33	20 53	13 25	6 35
19	2 18	4 48	0 34	21 14	0 33	20 53	13 23	6 37
21	2 18	4 51	0 34	21 15	0 33	20 54	13 22	6 38
23	2 19	4 55	0 34	21 16	0 33	20 54	13 21	6 39
25	2 19	4 58	0 34	21 16	0 33	20 55	13 20	6 40
27	2 19	5 2	0 34	21 17	0 32	20 55	13 19	6 42
29	2 19	5 5	0 34	21 18	0 32	20 55	13 18	6 43
31	2S20	5S 9	0S34	21S18	0N32	20S56	13N17	6S44

Mutual Aspects

1 ☉⚼♄.
2 ☉P☿. ♃Stat.
3 ☿±♄. ♀△♃.
6 ☿▽♄. ☿▽♆. ♀⚹♂. ♀⚼♄.
7 ☿∠♂.
8 ☿▽♅. ☿□♇. ♅⚹♇. ♇Stat.
9 ☿±♆. ♂P♄.
10 ☉±♄.
11 ♂∠♇.
12 ☿±♅.
13 ☿□♃. ♀±♄.
14 ☿⚼♆.
15 ☿⊥♂.
16 ☉▽♄. ☉▽♆.
17 ☿⚼♅. ♀▽♄. ♀▽♆. ♄⚹♆.
18 ☿P♂. ☿P♇. ♂P♇.
19 ☿Q♇.
20 ☉▽♅. ♀▽♅.
21 ☉☌♀. ☉□♇. ☿⊻♂. ♀□♇. ☿P♄.
22 ☉±♆. ♀±♆.
24 ☿Q♃. ☿☍♄. ☿△♆. ♂∠♃.
25 ♀±♅. ♂⊥♇.
26 ☉±♅.
27 ☿△♅. ☿⚹♇. ♂▽♄. ♂□♆.
28 ♀□♃.
29 ♀⚼♆. ☉P♂.
30 ☉□♃. ♀P♂.
31 ☉⚼♆. ♀∠♂. ♃P♆

LAST QUARTER-Aug.18, 3h. 4m. am. (24°♉43′)

NEW MOON-Sep.24, 4h.55m. pm. (1°♎10′)

18 SEPTEMBER 1995 [RAPHAEL'S

D M	D W	Sidereal Time	☉ Long.	☉ Dec.	☽ Long.	☽ Lat.	☽ Dec.	☽ Node	Midnight ☽ Long.	☽ Dec.
		H. M. S.	° ′ ″	° ′	° ′ ″	° ′	° ′	° ′	° ′ ″	° ′
1	F	10 40 43	8♍35 20	8 N21	27♏ 6 58	2 N32	17 S 2	28♎52	4♐ 7 26	17 S 57
2	S	10 44 40	9 33 24	7 59	11♐10 22	3 33	18 36	28 49	18 15 38	18 57
3	Su	10 48 36	10 31 29	7 37	25 23 3	4 21	19 0	28 46	2♑32 20	18 45
4	M	10 52 33	11 29 36	7 15	9♑43 8	4 54	18 12	28 43	16 55 1	17 21
5	T	10 56 30	12 27 44	6 53	24 7 27	5 8	16 14	28 40	1♒19 51	14 51
6	W	11 0 26	13 25 54	6 31	8♒31 32	5 3	13 15	28 36	15 41 49	11 28
7	Th	11 4 23	14 24 5	6 8	22 50 0	4 39	9 31	28 33	29 55 24	7 26
8	F	11 8 19	15 22 18	5 46	6♓57 21	3 58	5 17	28 30	13♓55 17	3 S 4
9	S	11 12 16	16 20 32	5 23	20 48 41	3 3	0 S 50	28 27	27 37 11	1 N23
10	Su	11 16 12	17 18 48	5 1	4♈20 29	2 0	3 N33	28 24	10♈58 27	5 39
11	M	11 20 9	18 17 6	4 38	17 31 1	0 N51	7 40	28 20	23 58 16	9 33
12	T	11 24 5	19 15 27	4 15	0♉20 22	0 S 19	11 18	28 17	6♉37 37	12 54
13	W	11 28 2	20 13 49	3 52	12 50 22	1 26	14 20	28 14	18 59 2	15 35
14	Th	11 31 59	21 12 13	3 29	25 4 8	2 27	16 39	28 11	1♊ 6 11	17 31
15	F	11 35 55	22 10 40	3 6	7♊ 5 45	3 22	18 11	28 8	13 3 28	18 38
16	S	11 39 52	23 9 8	2 43	18 59 56	4 7	18 53	28 5	24 55 46	18 55
17	Su	11 43 48	24 7 39	2 20	0♋51 35	4 41	18 45	28 1	6♋48 1	18 23
18	M	11 47 45	25 6 12	1 57	12 45 38	5 3	17 48	27 58	18 45 0	17 1
19	T	11 51 41	26 4 47	1 33	24 46 39	5 12	16 3	27 55	0♌51 4	14 53
20	W	11 55 38	27 3 24	1 10	6♌58 42	5 8	13 33	27 52	13 9 53	12 4
21	Th	11 59 34	28 2 3	0 47	19 24 58	4 49	10 25	27 49	25 44 9	8 38
22	F	12 3 31	29 0 45	0 N24	2♍ 7 39	4 15	6 44	27 46	8♍35 30	4 44
23	S	12 7 28	29♍59 28	0 0	15 7 45	3 28	2 N40	27 42	21 44 18	0 N31
24	Su	12 11 24	0♎58 14	0 S 23	28 25 3	2 28	1 S 38	27 39	5♎ 9 46	3 S 49
25	M	12 15 21	1 57 1	0 47	11♎58 12	1 19	5 57	27 36	18 50 4	8 2
26	T	12 19 17	2 55 51	1 10	25 45 0	0 S 4	10 1	27 33	2♏42 39	11 53
27	W	12 23 14	3 54 42	1 33	9♏42 39	1 N12	13 35	27 30	16 44 37	15 6
28	Th	12 27 10	4 53 35	1 57	23 48 12	2 25	16 23	27 26	0♐53 2	17 26
29	F	12 31 7	5 52 30	2 20	7♐58 46	3 29	18 12	27 23	15 5 7	18 41
30	S	12 35 3	6♎51 27	2 S 43	22♐11 45	4 N21	18 S 52	27♎20	29♐18 23	18 S 46

D M	Mercury Lat.	Dec.	Venus Lat.	Dec.	Mars Lat.	Dec.	Jupiter Lat.	Dec.
	° ′	° ′	° ′	° ′	° ′	° ′	° ′	° ′
1	1 S 23	3 S 1	1 N 25	8 N28	0 S 8	10 S 15	0 N 31	20 S 57
3	1 41	4 15	1 25	7 31	0 10	10 44	0 30	20 59
5	1 59	5 25	1 25	6 33	0 11	11 14	0 30	21 2
7	2 16	6 32	1 24	5 34	0 13	11 43	0 29	21 4
9	2 34	7 34	1 23	4 35	0 14	12 12	0 29	21 6
11	2 50	8 31	1 22	3 35	0 15	12 41	0 29	21 9
13	3 6	9 22	1 21	2 35	0 17	13 9	0 28	21 11
15	3 20	10 7	1 20	1 34	0 18	13 38	0 28	21 14
17	3 32	10 43	1 18	0 N33	0 19	14 6	0 28	21 17
19	3 42	11 9	1 16	0 S 28	0 21	14 33	0 27	21 19
21	3 49	11 25	1 13	1 29	0 22	15 1	0 27	21 22
23	3 53	11 27	1 11	2 30	0 23	15 27	0 27	21 25
25	3 51	11 15	1 8	3 31	0 25	15 54	0 26	21 28
27	3 44	10 45	1 5	4 32	0 26	16 20	0 26	21 31
29	3 30	9 59	1 2	5 33	0 27	16 46	0 26	21 34
31	3 S 8	8 S 55	0 N 59	6 S 32	0 S 28	17 S 11	0 N 25	21 S 37

FIRST QUARTER-Sep. 2. 9h. 3m. am. (9°♐26′)

FULL MOON-Sep. 9, 3h.37m. am. (16°✕ 0′)

EPHEMERIS] SEPTEMBER 1995

D M	☿ Long.	♀ Long.	♂ Long.	♃ Long.	♄ Long.	♅ Long.	♆ Long.	♇ Long.	☉	☿	♀	♂	♃	♄	♅	♆	♇
1	4♎23	11♍44	26♎12	6✗51	22✕20	27♑ 1	23♑ 4	27♏59					⊻	△	✶	✶	☌
2	5 37	12 59	26 51	6 57	22R 16	26R 59	23R 3	27 59	□	✶	□	⊻	☌		∠	∠	
3	6 48	14 13	27 30	7 2	22 11	26 58	23 2	28 0			✶		□	⊻	⊻	⊻	
4	7 58	15 28	28 10	7 8	22 7	26 56	23 1	28 1	△	□	△		⊻				⊻
5	9 5	16 42	28 49	7 13	22 2	26 55	23 0	28 2	⊓				□	∠	✶	☌	☌	✶
6	10 10	17 57	29♎29	7 19	21 58	26 53	23 0	28 3		△	⊓			✶	∠		
7	11 13	19 11	0♏ 8	7 25	21 53	26 52	22 59	28 4		⊓				⊻	⊻	⊻	□
8	12 14	20 25	0 48	7 32	21 49	26 51	22 58	28 5				△	□		∠	∠	
9	13 12	21 40	1 28	7 38	21 44	26 49	22 57	28 6	☌⁰		☌⁰	⊓	☌	✶	✶	
10	14 7	22 54	2 8	7 44	21 39	26 48	22 56	28 7					△				△
11	15 0	24 9	2 47	7 51	21 35	26 47	22 55	28 8		☌⁰			⊓	⊻		□	⊓
12	15 49	25 24	3 27	7 58	21 30	26 46	22 55	28 9	⊓			☌⁰		∠	□		
13	16 35	26 38	4 7	8 5	21 26	26 45	22 54	28 10			⊓						
14	17 27	27 53	4 48	8 12	21 21	26 44	22 53	28 12	△		△				✶	△	△	☌⁰
15	17 56	29♍ 7	5 28	8 19	21 16	26 42	22 53	28 13		⊓			☌⁰		⊓	⊓	
16	18 30	0♎22	6 8	8 26	21 12	26 41	22 52	28 14	□	△		⊓		□			
17	19 0	1 36	6 49	8 34	21 7	26 41	22 52	28 15		□							
18	19 25	2 51	7 29	8 41	21 2	26 40	22 51	28 17				△					⊓
19	19 45	4 5	8 10	8 49	20 58	26 39	22 50	28 18	✶	□				⊓	△	☌⁰	☌⁰	△
20	20 0	5 20	8 50	8 57	20 53	26 38	22 50	28 19	∠		✶	□	△	⊓			
21	20 9	6 35	9 31	9 5	20 49	26 37	22 50	28 21		✶	∠					⊓	□
22	20R 11	7 49	10 12	9 13	20 44	26 36	22 49	28 22	⊻	∠	⊻						
23	20 7	9 4	10 53	9 21	20 40	26 36	22 49	28 24		⊻		✶	□	☌⁰	⊓		
24	19 56	10 19	11 34	9 30	20 35	26 35	22 48	28 25	☌			∠				△	△	✶
25	19 38	11 33	12 15	9 38	20 31	26 35	22 48	28 27			☌	⊻	✶				∠
26	19 12	12 48	12 56	9 47	20 26	26 34	22 48	28 28		☌			∠		□	□	⊻
27	18 39	14 3	13 37	9 56	20 22	26 34	22 47	28 30	⊻		⊻	☌	⊻	⊓			
28	17 59	15 17	14 18	10 5	20 17	26 33	22 47	28 31	∠	⊻				△	✶	✶	☌
29	17 12	16 32	14 59	10 14	20 13	26 33	22 47	28 33	✶	∠	∠		☌		∠	∠	
30	16♎18	17♎46	15♏41	10✗23	20✕ 9	26♑32	22♑47	28♏35		✶	✶	⊻		□	⊻	⊻	⊻

D M	Saturn Lat.	Dec.	Uranus Lat.	Dec.	Neptune Lat.	Dec.	Pluto Lat.	Dec.	Mutual Aspects
1	2S20	5S11	0S34	21S19	0N32	20S56	13N17	6S45	1 ♀⊓♅.
3	2 20	5 15	0 34	21 19	0 32	20 56	13 16	6 46	2 ♂□♅. ☉P♀.
5	2 20	5 18	0 34	21 20	0 32	20 57	13 15	6 48	3 ☿✶♃.
7	2 20	5 22	0 34	21 20	0 32	20 57	13 14	6 49	4 ☉⊓♅. ♀Q♇. ♂±♄. ♂⊻♇.
9	2 21	5 26	0 34	21 21	0 32	20 57	13 13	6 50	5 ☉P♇. ☿P♄. ♀P♇.
									6 ☿P♀.
									7 ☉P☿. ♀P♄.
									8 ☿P♇.
11	2 21	5 30	0 34	21 21	0 32	20 58	13 12	6 52	9 ☉∠♂. ☉Q♇. ☿∠♇. ♀☌⁰♄. ♂⊥♃.
13	2 21	5 33	0 34	21 22	0 32	20 58	13 11	6 53	10 ☉P♄.
15	2 21	5 37	0 34	21 22	0 32	20 58	13 10	6 55	12 ♃∠♆.
17	2 21	5 41	0 34	21 22	0 32	20 59	13 9	6 56	13 ♀Q♃. ♀△♅.
19	2 21	5 45	0 34	21 23	0 32	20 59	13 8	6 57	14 ☉☌⁰♄. ♀✶♇.
									16 ☉△♆. ♀⊥☌. ♂⊓♄.
									20 ☉Q♃. ☉△♅. ♂⊻♃. ☉P♀.
21	2 21	5 48	0 34	21 23	0 32	20 59	13 7	6 59	21 ☉✶♇.
23	2 21	5 52	0 34	21 23	0 32	20 59	13 6	7 0	22 ♃P♄. ☿Stat.
25	2 21	5 55	0 34	21 23	0 32	20 59	13 5	7 2	23 ♀✶♃. ♂Q♆.
27	2 21	5 59	0 34	21 23	0 32	20 59	13 4	7 3	26 ♀⊻♂.
29	2 21	6 2	0 34	21 24	0 32	21 0	13 3	7 5	27 ♀∠♇.
31	2S21	6S 6	0S34	21S24	0N32	21S 0	13N 3	7S 6	28 ♂Q♅.
									29 ☿☌♀.
									30 ☿⊻♂. ♀P♄.

LAST QUARTER-Sep.16, 9h. 9m. pm. (23°♊31′)

NEW MOON-Oct.24, 4h.36m. am. (0°♏18′)

20   OCTOBER   1995   [RAPHAEL'S

D M	D W	Sidereal Time	☉ Long.	☉ Dec.	☽ Long.	☽ Lat.	☽ Dec.	☽ Node	Midnight ☽ Long.	☽ Dec.
		H. M. S.	° ′ ″	° ′	° ′ ″	° ′	° ′	° ′	° ′ ″	° ′
1	Su	12 39 0	7♎50 26	3 S 7	6♑24 44	4 N56	18 S 21	27 ♎ 17	13 ♑ 30 32	17 S 39
2	M	12 42 57	8 49 26	3 30	20 35 30	5 14	16 41	27 14	27 39 22	15 28
3	T	12 46 53	9 48 28	3 53	4♒41 51	5 13	14 2	27 11	11 ♒ 42 39	12 23
4	W	12 50 50	10 47 32	4 16	18 41 29	4 53	10 35	27 7	25 38 2	8 38
5	Th	12 54 46	11 46 37	4 39	2 ♓ 32 3	4 16	6 35	27 4	9 ♓ 23 12	4 28
6	F	12 58 43	12 45 44	5 2	16 11 15	3 25	2 S 18	27 1	22 55 56	0 S 7
7	S	13 2 39	13 44 54	5 25	29 37 1	2 23	2 N 2	26 58	6 ♈ 14 21	4 N 9
8	Su	13 6 36	14 44 5	5 48	12 ♈ 47 46	1 15	6 12	26 55	19 17 13	8 10
9	M	13 10 32	15 43 18	6 11	25 42 38	0 N 4	10 0	26 52	2 ♉ 4 5	11 42
10	T	13 14 29	16 42 33	6 34	8 ♉ 21 39	1 S 5	13 15	26 48	14 35 28	14 38
11	W	13 18 26	17 41 51	6 57	20 45 46	2 11	15 50	26 45	26 52 48	16 51
12	Th	13 22 22	18 41 10	7 19	2 ♊ 56 54	3 9	17 39	26 42	8 ♊ 58 27	18 16
13	F	13 26 19	19 40 32	7 42	14 57 51	3 58	18 39	26 39	20 55 35	18 50
14	S	13 30 15	20 39 57	8 4	26 52 8	4 36	18 48	26 36	2 ♋ 48 3	18 34
15	Su	13 34 12	21 39 23	8 26	8♋43 52	5 2	18 7	26 32	14 40 9	17 29
16	M	13 38 8	22 38 52	8 49	20 37 30	5 16	16 39	26 29	26 36 30	15 38
17	T	13 42 5	23 38 23	9 11	2 ♌ 37 45	5 16	14 27	26 26	8 ♌ 41 47	13 5
18	W	13 46 1	24 37 57	9 33	14 49 11	5 1	11 35	26 23	21 0 28	9 56
19	Th	13 49 58	25 37 32	9 54	27 16 5	4 33	8 9	26 20	3 ♍ 36 29	6 15
20	F	13 53 55	26 37 10	10 16	10♍ 2 0	3 50	4 15	26 17	16 32 54	2 N10
21	S	13 57 51	27 36 50	10 37	23 9 23	2 55	0 N 2	26 13	29 51 31	2 S 8
22	Su	14 1 48	28 36 32	10 59	6♎39 16	1 48	4 S 18	26 10	13 ♎ 32 29	6 26
23	M	14 5 44	29 ♎ 36 17	11 20	20 30 54	0 S 33	8 32	26 7	27 34 6	10 31
24	T	14 9 41	0 ♏ 36 3	11 41	4 ♏ 41 37	0 N45	12 23	26 4	11 ♏ 52 49	14 4
25	W	14 13 37	1 35 52	12 2	19 7 2	2 2	15 32	26 1	26 23 31	16 47
26	Th	14 17 34	2 35 42	12 22	3 ♐ 41 29	3 12	17 45	25 57	11 ♐ 0 2	18 50
27	F	14 21 30	3 35 34	12 43	18 18 43	4 9	18 47	25 54	25 36 28	18 50
28	S	14 25 27	4 35 28	13 3	2 ♑ 52 44	4 50	18 34	25 51	10 ♑ 6 54	18 0
29	Su	14 29 24	5 35 24	13 23	17 18 28	5 13	17 9	25 48	24 27 1	16 2
30	M	14 33 20	6 35 21	13 43	1 ♒ 32 14	5 16	14 41	25 45	8 ♒ 33 52	13 8
31	T	14 37 17	7 ♏ 35 20	14 S 2	15 ♒ 31 46	5 N 0	11 S 24	25 ♎ 42	22 ♒ 25 51	9 S 32

D M	Mercury Lat.	Mercury Dec.		Venus Lat.	Venus Dec.		Mars Lat.	Mars Dec.		Jupiter Lat.	Jupiter Dec.
	° ′	° ′		° ′	° ′		° ′	° ′		° ′	° ′
1	3 S 8	8 S 55	8 S 18	0 N 59	6 S 32	7 S 2	0 S 28	17 S 11	17 S 24	0 N 25	21 S 37
3	2 39	7 37	6 54	0 55	7 32	8 1	0 30	17 36	17 48	0 25	21 40
5	2 3	6 10	5 26	0 51	8 31	9 0	0 31	18 0	18 12	0 25	21 42
7	1 23	4 42	4 1	0 48	9 29	9 57	0 32	18 24	18 36	0 24	21 45
9	0 42	3 22	2 46	0 43	10 26	10 54	0 33	18 47	18 58	0 24	21 48
11	0 S 5	2 16	1 50	0 39	11 22	11 50	0 34	19 10	19 21	0 24	21 51
13	0 N33	1 30	1 15	0 35	12 17	12 45	0 35	19 32	19 42	0 23	21 54
15	1 3	1 6	1 3	0 30	13 11	13 38	0 36	19 53	20 4	0 23	21 57
17	1 27	1 5	1 12	0 26	14 4	14 30	0 38	20 14	20 24	0 23	22 0
19	1 44	1 23	1 40	0 21	14 56	15 21	0 39	20 34	20 44	0 23	22 3
21	1 56	1 59	2 23	0 16	15 46	16 10	0 40	20 53	21 3	0 22	22 6
23	2 3	2 49	3 18	0 11	16 34	16 57	0 41	21 12	21 21	0 22	22 9
25	2 5	3 50	4 23	0 6	17 21	17 43	0 42	21 30	21 39	0 22	22 12
27	2 4	4 58	5 34	0 N 1	18 5	18 27	0 43	21 47	21 56	0 22	22 15
29	1 59	6 11	6 S 49	0 S 4	18 48	19 S 9	0 44	22 4	22 S 12	0 21	22 18
31	1 N53	7 S 28		0 S 9	19 S 29		0 S 45	22 S 19		0 N 21	22 S 21

FIRST QUARTER-Oct. 1, 2h.36m. pm. (7°♑57′) & Oct.30, 9h.17m. pm. (6°♒59′)

FULL MOON-Oct. 8, 3h.52m. pm. (14°♈54′)

D M	☿ Long.	♀ Long.	♂ Long.	♃ Long.	♄ Long.	♅ Long.	♆ Long.	♇ Long.	☉	☿	♀	♂	♃	♄	♅	♆	♇
	° ′	° ′	° ′	° ′	° ′	° ′	° ′	° ′									
1	15♎19	19♎ 1	16♏22	10♐32	20♓ 4	26♑32	22♑47	28♏36	□			∠	⚺				
2	14R 15	20 16	17 4	10 41	20R 0	26R 32	22R 47	28 38		□	□	⚹	∠	⚹	☌	☌	∠
3	13 8	21 30	17 45	10 51	19 56	26 32	22 47	28 40	△				⚹	∠			⚹
4	11 59	22 45	18 27	11 1	19 52	26 32	22 46	28 41		△	△	□		⚺		⚺	
5	10 49	24 0	19 9	11 10	19 47	26 32	22D 46	28 43	⚼	⚼					⚺	∠	□
6	9 42	25 14	19 51	11 20	19 43	26 32	22 46	28 45			⚼	△	□	☌	∠	⚹	
7	8 39	26 29	20 33	11 30	19 39	26D 32	22 47	28 47				⚼			⚹		△
8	7 41	27 44	21 15	11 40	19 35	26 32	22 47	28 49	☍	☍			△				⚼
9	6 50	28♎58	21 57	11 50	19 31	26 32	22 47	28 51			☍		⚼	⚺	□	□	
10	6 7	0♏13	22 39	12 0	19 28	26 32	22 47	28 52						∠			
11	5 35	1 28	23 21	12 10	19 24	26 32	22 47	28 54		⚼		☍		⚹	△	△	
12	5 13	2 42	24 3	12 21	19 20	26 32	22 47	28 56	⚼	△						⚼	☍
13	5 1	3 57	24 45	12 31	19 16	26 33	22 48	28 58	△		⚼		☍	□	⚼		
14	5D 1	5 12	25 28	12 42	19 13	26 33	22 48	29 0									
15	5 11	6 26	26 10	12 53	19 9	26 34	22 48	29 2		□	△	⚼					⚼
16	5 32	7 41	26 53	13 3	19 6	26 34	22 49	29 4	□					△	☍	☍	
17	6 3	8 56	27 36	13 14	19 2	26 35	22 49	29 6		⚹		△	⚼	⚼			△
18	6 43	10 10	28 18	13 25	18 59	26 35	22 49	29 8			□		△				
19	7 32	11 25	29 1	13 36	18 56	26 36	22 50	29 10	⚹	∠		□					□
20	8 28	12 40	29♏44	13 47	18 53	26 37	22 50	29 12	∠	⚺	⚹		□		⚼	⚼	
21	9 31	13 54	0♐27	13 59	18 50	26 37	22 51	29 14	⚺		∠			☍	△	△	⚹
22	10 40	15 9	1 10	14 10	18 47	26 38	22 51	29 17		☌		⚹					
23	11 54	16 24	1 53	14 21	18 44	26 39	22 52	29 19			⚺	∠	⚹		□	□	∠
24	13 13	17 39	2 36	14 33	18 41	26 40	22 53	29 21	●			⚺	∠	⚼			⚺
25	14 36	18 53	3 19	14 44	18 38	26 41	22 53	29 23		⚺	☌		⚺	△		⚹	
26	16 2	20 8	4 2	14 56	18 35	26 42	22 54	29 25	⚺	∠		☌			⚹	∠	☌
27	17 31	21 23	4 46	15 7	18 33	26 43	22 55	29 27	∠	⚹	⚺		☌	□	∠	⚺	
28	19 2	22 37	5 29	15 19	18 30	26 44	22 56	29 30	⚹		∠	⚺			⚺		⚺
29	20 34	23 52	6 13	15 31	18 28	26 45	22 56	29 32		□		∠	⚺	⚹		☌	∠
30	22 9	25 7	6 56	15 43	18 26	26 46	22 57	29 34	□		⚹	⚹	∠	∠	☌		⚹
31	23♎44	26♏21	7♐40	15♐55	18♓23	26♑47	22♑58	29♏36					⚹	⚺			

D M	Saturn Lat.	Saturn Dec.	Uranus Lat.	Uranus Dec.	Neptune Lat.	Neptune Dec.	Pluto Lat.	Pluto Dec.
	° ′	° ′	° ′	° ′	° ′	° ′	° ′	° ′
1	2S21	6S 6	0S34	21S24	0N32	21S 0	13N 3	7S 6
3	2 21	6 9	0 33	21 24	0 31	21 0	13 2	7 8
5	2 21	6 12	0 33	21 24	0 31	21 0	13 1	7 9
7	2 21	6 15	0 33	21 24	0 31	21 0	13 0	7 11
9	2 21	6 18	0 33	21 24	0 31	21 0	13 0	7 12
11	2 20	6 21	0 33	21 23	0 31	21 0	12 59	7 14
13	2 20	6 24	0 33	21 23	0 31	21 0	12 58	7 15
15	2 20	6 26	0 33	21 23	0 31	21 0	12 57	7 17
17	2 20	6 29	0 33	21 23	0 31	21 0	12 57	7 18
19	2 20	6 31	0 33	21 23	0 31	21 0	12 56	7 19
21	2 19	6 33	0 33	21 22	0 31	21 0	12 56	7 21
23	2 19	6 36	0 33	21 22	0 31	20 59	12 55	7 22
25	2 19	6 37	0 33	21 21	0 31	20 59	12 54	7 24
27	2 19	6 39	0 33	21 21	0 31	20 59	12 54	7 25
29	2 18	6 41	0 33	21 21	0 31	20 59	12 53	7 26
31	2S18	6S42	0S33	21S20	0N31	20S59	12N53	7S28

Mutual Aspects

2 ♀▽♄. ♀P♇.
3 ☿∠♇. ☿P♀.
4 ☉⚹♃. ☿⊥♂. ♀□♆. ♀⊥♇. ☿P♇.
5 ☉☌☿. ☿⚹♃. ☿P♄. ♆Stat.
6 ♀±♄. ♂△♄. ☉P☿. ♅Stat.
7 ☉∠♇. ♀∠♃. ♀□♅. ♃∠♅.
9 ☿∠♂. ♀⚺♇. ☉P♄.
10 ☉⊥♂. ♂⚹♆.
12 ☉P♇.
13 ☉▽♄. ♀⚼♄.
14 ☿⚺♀. ☿Stat.
15 ♀⊥♃.
16 ☉□♆. ☉⊥♇. ♂⚹♅.
18 ☉±♄.
19 ♀Q♆. ♂☌♇.
20 ☉□♅.
21 ♀⚺♃.
22 ♀Q♅. ♂P♆.
23 ☉∠♃. ☉⚺♇.
24 ♂P♅.
25 ☿⚹♃. ☿∠♇. ♀△♄.
27 ☉⚼♄.
28 ☿▽♄. ♀⚹♆.
30 ☿∠♂. ☿P♄.
31 ☉⚺♂. ☿±♄. ☿□♆. ☿⊥♇. ♀⚹♅.
♂∠♆. ☿P♇. ♂P♃.

LAST QUARTER-Oct.16, 4h.26m. pm. (22°♋50′)

NEW MOON-Nov.22, 3h.43m. pm. (29°♏52′)

22 NOVEMBER 1995 RAPHAEL'S

D M	D W	Sidereal Time	☉ Long.	☉ Dec.	☽ Long.	☽ Lat.	☽ Dec.	☽ Node	Midnight ☽ Long.	☽ Dec.
		H. M. S.	° ′ ″	° ′	° ′ ″	° ′	° ′	° ′	° ′ ″	° ′
1	W	14 41 13	8 ♏ 35 20	14 S 22	29 ♒ 16 7	4 N 27	7 S 34	25 ♎ 38	6 ♓ 2 34	5 S 30
2	Th	14 45 10	9 35 22	14 41	12 ♓ 45 15	3 39	3 S 24	25 35	19 24 17	1 S 16
3	F	14 49 6	10 35 25	15 0	25 59 44	2 41	0 N 52	25 32	2 ♈ 31 44	2 N 59
4	S	14 53 3	11 35 31	15 19	9 ♈ 0 22	1 36	5 2	25 29	15 25 46	7 1
5	Su	14 56 59	12 35 37	15 37	21 48 1	0 N 26	8 54	25 26	28 7 15	10 40
6	M	15 0 56	13 35 46	15 55	4 ♉ 23 34	0 S 43	12 18	25 23	10 ♉ 37 5	13 47
7	T	15 4 53	14 35 56	16 13	16 47 54	1 50	15 6	25 19	22 56 10	16 14
8	W	15 8 49	15 36 8	16 31	29 2 2	2 50	17 11	25 16	5 ♊ 5 39	17 55
9	Th	15 12 46	16 36 23	16 48	11 ♊ 7 15	3 42	18 27	25 13	17 7 3	18 46
10	F	15 16 42	17 36 38	17 5	23 5 18	4 23	18 53	25 10	29 2 19	18 47
11	S	15 20 39	18 36 56	17 22	4 ♋ 58 27	4 53	18 28	25 7	10 ♋ 54 2	17 57
12	Su	15 24 35	19 37 16	17 38	16 49 32	5 10	17 15	25 3	22 45 22	16 22
13	M	15 28 32	20 37 38	17 54	28 42 3	5 14	15 18	25 0	4 ♌ 40 5	14 4
14	T	15 32 28	21 38 1	18 10	10 ♌ 40 1	5 4	12 41	24 57	16 42 26	11 9
15	W	15 36 25	22 38 26	18 26	22 47 54	4 41	9 29	24 54	28 57 0	7 42
16	Th	15 40 22	23 38 54	18 41	5 ♍ 10 20	4 4	5 49	24 51	11 ♍ 28 28	3 N 51
17	F	15 44 18	24 39 23	18 56	17 51 55	3 15	1 N 48	24 48	24 21 9	0 S 18
18	S	15 48 15	25 39 54	19 10	0 ♎ 56 37	2 14	2 S 26	24 44	7 ♎ 38 35	4 34
19	Su	15 52 11	26 40 27	19 25	14 27 18	1 S 4	6 41	24 41	21 22 49	8 45
20	M	15 56 8	27 41 1	19 39	28 25 3	0 N 12	10 44	24 38	5 ♏ 33 45	12 35
21	T	16 0 4	28 41 37	19 52	12 ♏ 48 27	1 29	14 16	24 35	20 8 33	15 44
22	W	16 4 1	29 ♏ 42 15	20 5	27 33 15	2 43	16 58	24 32	5 ✎ 1 33	17 55
23	Th	16 7 57	0 ✎ 42 55	20 18	12 ✎ 32 23	3 46	18 34	24 29	20 4 34	18 53
24	F	16 11 54	1 43 35	20 30	27 36 53	4 34	18 51	24 25	5 ♑ 8 7	18 30
25	S	16 15 51	2 44 17	20 42	12 ♑ 37 9	5 2	17 49	24 22	20 2 56	16 51
26	Su	16 19 47	3 45 0	20 54	27 24 36	5 11	15 36	24 19	4 ♒ 41 26	14 7
27	M	16 23 44	4 45 45	21 5	11 ♒ 52 54	4 59	12 26	24 16	18 58 39	10 36
28	T	16 27 40	5 46 30	21 16	25 58 31	4 29	8 38	24 13	2 ♓ 52 27	6 35
29	W	16 31 37	6 47 16	21 26	9 ♓ 40 34	3 44	4 29	24 9	16 23 4	2 S 20
30	Th	16 35 33	7 ✎ 48 3	21 S 37	23 ♓ 0 15	2 N 49	0 S 12	24 ♎ 6	29 ♓ 32 27	1 N 55

D M	Mercury Lat.	Dec.	Venus Lat.	Dec.	Mars Lat.	Dec.	Jupiter Lat.	Dec.
	° ′	° ′	° ′	° ′	° ′	° ′	° ′	° ′
1	1 N 48	8 S 7	0 S 12	19 S 49	0 S 45	22 S 27	0 N 21	22 S 22
3	1 39	9 26	0 17	20 27	0 46	22 41	0 21	22 25
5	1 28	10 44	0 22	21 2	0 47	22 55	0 20	22 27
7	1 16	12 2	0 27	21 36	0 48	23 7	0 20	22 30
9	1 4	13 18	0 33	22 6	0 49	23 19	0 20	22 33
11	0 51	14 32	0 38	22 34	0 50	23 30	0 20	22 35
13	0 37	15 43	0 43	23 0	0 51	23 40	0 19	22 38
15	0 24	16 51	0 48	23 23	0 51	23 49	0 19	22 40
17	0 N 10	17 56	0 52	23 43	0 52	23 57	0 19	22 42
19	0 S 4	18 58	0 57	24 1	0 53	24 3	0 19	22 44
21	0 17	19 55	1 2	24 15	0 54	24 9	0 19	22 47
23	0 30	20 49	1 6	24 27	0 55	24 14	0 18	22 49
25	0 43	21 39	1 11	24 35	0 55	24 18	0 18	22 51
27	0 55	22 25	1 15	24 41	0 56	24 21	0 18	22 53
29	1 7	23 6	1 19	24 44	0 57	24 23	0 18	22 54
31	1 S 18	23 S 42	1 S 22	24 S 43	0 S 57	24 S 23	0 N 18	22 S 56

FIRST QUARTER-Nov.29, 6h.28m. am. (6°♓33′)

FULL MOON-Nov. 7, 7h.21m. am. (14°♉24′)

D	☿	♀	♂	♃	♄	♅	♆	♇	Lunar Aspects								
M	Long.	Long.	Long.	Long.	Long.	Long.	Long.	Long.	☉	☿	♀	♂	♃	♄	♅	♆	♇
	° ′	° ′	° ′	° ′	° ′	° ′	° ′	° ′									
1	25♎20	27♏36	8♐23	16♐7	18♓21	26♑49	22♑59	29♏39		△	□				⚺	⚺	□
2	26 57	28♏51	9 7	16 19	18R 19	26 50	23 0	29 41	△	⚻		□	□	☌	∠	∠	
3	28♎35	0♐5	9 51	16 31	18 17	26 51	23 1	29 43	⚻		△				⚹	⚹	△
4	0♏13	1 20	10 35	16 44	18 15	26 53	23 2	29 45				△					⚻
5	1 51	2 35	11 19	16 56	18 14	26 54	23 3	29 48			⚻	⚻	△	⚺	□	□	
6	3 29	3 49	12 3	17 8	18 12	26 56	23 4	29 50		☍			⚻	∠			
7	5 7	5 4	12 47	17 21	18 11	26 57	23 5	29 52	☍					⚹			
8	6 46	6 18	13 31	17 33	18 9	26 59	23 6	29 55							△	△	☍
9	8 24	7 33	14 15	17 46	18 8	27 1	23 7	29 57			☍	☍			⚻	⚻	
10	10 1	8 48	14 59	17 58	18 7	27 2	23 8	29♏59		⚻			☍	□			
11	11 39	10 2	15 43	18 11	18 5	27 4	23 10	0♐2	⚻								
12	13 17	11 17	16 28	18 24	18 4	27 6	23 11	0 4	△	△				△			⚻
13	14 54	12 32	17 12	18 36	18 3	27 8	23 12	0 6			⚻	⚻	⚻	⚻	☍	☍	△
14	16 31	13 46	17 57	18 49	18 3	27 10	23 13	0 9			△						
15	18 7	15 1	18 41	19 2	18 2	27 12	23 15	0 11	□	□		△	△				
16	19 44	16 15	19 26	19 15	18 1	27 14	23 16	0 13								⚻	□
17	21 20	17 30	20 10	19 28	18 1	27 16	23 17	0 16		⚹	□	□	□	☍	⚻	△	
18	22 56	18 45	20 55	19 41	18 0	27 18	23 19	0 18	⚹						△		⚹
19	24 32	19 59	21 40	19 54	18 0	27 20	23 20	0 21	∠	∠	⚹		⚹				∠
20	26 7	21 14	22 25	20 7	18 0	27 22	23 22	0 23	⚺	⚺		⚹	∠	⚻	□	□	⚺
21	27 42	22 28	23 10	20 20	18 0	27 24	23 23	0 25			∠	∠		△			
22	29♏17	23 43	23 55	20 33	18D 0	27 26	23 25	0 28	☌	☌	⚺	⚺	⚺		⚹	⚹	☌
23	0♐52	24 57	24 40	20 46	18 0	27 29	23 26	0 30						□	∠	∠	
24	2 27	26 12	25 25	21 0	18 0	27 31	23 28	0 33	⚺	⚺	☌	☌	☌		⚺	⚺	⚺
25	4 1	27 27	26 10	21 13	18 0	27 33	23 29	0 35	∠	∠				⚹			∠
26	5 36	28 41	26 55	21 26	18 1	27 36	23 31	0 37	⚹		⚺	⚺	⚺	∠	☌	☌	⚹
27	7 10	29♐56	27 40	21 39	18 1	27 38	23 33	0 40		⚹	∠	∠	∠	⚺			
28	8 44	1♑10	28 26	21 53	18 2	27 41	23 34	0 42			⚹	⚹	⚹		⚺	⚺	□
29	10 18	2 25	29 11	22 6	18 3	27 43	23 36	0 44	□	□					∠	∠	
30	11♐52	3♑39	29♐56	22♐20	18♓4	27♑46	23♑38	0♐47					□	☌	⚹	⚹	

D	Saturn		Uranus		Neptune		Pluto	
M	Lat.	Dec.	Lat.	Dec.	Lat.	Dec.	Lat.	Dec.
	° ′	° ′	° ′	° ′	° ′	° ′	° ′	° ′
1	2S18	6S43	0S33	21S20	0N31	20S59	12N53	7S28
3	2 18	6 44	0 33	21 19	0 31	20 58	12 52	7 30
5	2 17	6 46	0 33	21 19	0 31	20 58	12 52	7 31
7	2 17	6 46	0 33	21 18	0 31	20 58	12 52	7 32
9	2 17	6 47	0 33	21 17	0 30	20 57	12 51	7 34
11	2 16	6 48	0 33	21 17	0 30	20 57	12 51	7 35
13	2 16	6 48	0 33	21 16	0 30	20 57	12 51	7 36
15	2 15	6 49	0 33	21 15	0 30	20 56	12 50	7 37
17	2 15	6 49	0 33	21 14	0 30	20 56	12 50	7 38
19	2 15	6 49	0 32	21 13	0 30	20 55	12 50	7 40
21	2 14	6 48	0 32	21 12	0 30	20 55	12 50	7 41
23	2 14	6 48	0 32	21 12	0 30	20 55	12 50	7 42
25	2 14	6 47	0 32	21 11	0 30	20 54	12 49	7 43
27	2 13	6 47	0 32	21 10	0 30	20 54	12 49	7 44
29	2 13	6 46	0 32	21 9	0 30	20 53	12 49	7 45
31	2S12	6S45	0S32	21S 8	0N30	20S52	12N49	7S46

Mutual Aspects

2 ☿□♅.
3 ☉⊥♃. ☉Q♆. ♀☌♇.
4 ☿⚺♇.
5 ☿∠♃. ♀P♆.
6 ☿⚻♄. ♂∠♅. ♃⊥♆. ♀P♅.
7 ☉Q♅. ☿⚺♀.
9 ☿⊥♂. ♀∠♆.
10 ☉⚺♃. ☉△♄.
11 ☿⊥♃. ☿Q♆. ♃□♄. ♀P♃.
13 ☿Q♅. ♀∠♅. ♂⊥♆.
14 ♂□♄.
15 ☿△♄.
16 ☉⚹♆. ☿⚺♂. ☿⚺♃. ♂☌♃.
17 ♀□♄. ♀⊥♆.
18 ☿⚹♆.
19 ♀☌♃. ♂⊥♅.
20 ☉⚹♅. ♀⊥♅. ♀P♂.
21 ☿⚹♅. ♂⚺♆. ☉P☿. ♄Stat.
22 ♀☌♂. ♀⚺♆.
23 ☉☌☿. ☉☌♇. ☿☌♇. ☿P♆.
24 ☿P♅.
25 ♀⚺♅.
26 ☉P♆.
27 ♂⚺♅. ♃⊥♅. ☉P♅.
28 ☿∠♆. ♀⚺♇. ☿P♃.

LAST QUARTER-Nov.15,11h.40m. am. (22°♌38′)

NEW MOON-Dec.22, 2h.22m. am. (29°♐45′)

24 DECEMBER 1995 [RAPHAEL'S

D M	D W	Sidereal Time	☉ Long.	☉ Dec.	☽ Long.	☽ Lat.	☽ Dec.	☽ Node	Midnight ☽ Long.	☽ Dec.
		H. M. S.	° ′ ″	° ′	° ′ ″	° ′	° ′	° ′	° ′ ″	° ′
1	F	16 39 30	8♐48 51	21 S 46	6♈ 0 3	1 N45	4 N 0	24♎ 3	12♈23 28	6 N 0
2	S	16 43 26	9 49 40	21 55	18 43 4	0 N38	7 56	24 0	24 59 16	9 45
3	Su	16 47 23	10 50 29	22 4	1♉12 24	0 S 29	11 26	23 57	7♉22 50	13 0
4	M	16 51 20	11 51 20	22 12	13 30 53	1 34	14 24	23 54	19 36 48	15 38
5	T	16 55 16	12 52 12	22 20	25 40 51	2 34	16 41	23 50	1♊43 15	17 33
6	W	16 59 13	13 53 5	22 28	7♊44 12	3 26	18 12	23 47	13 43 53	18 40
7	Th	17 3 9	14 53 59	22 35	19 42 27	4 9	18 54	23 44	25 40 5	18 56
8	F	17 7 6	15 54 54	22 42	1♋36 58	4 40	18 46	23 41	7♋33 16	18 22
9	S	17 11 2	16 55 50	22 48	13 29 11	4 59	17 47	23 38	19 24 57	17 1
10	Su	17 14 59	17 56 47	22 53	25 20 50	5 5	16 4	23 35	1♌17 7	14 56
11	M	17 18 55	18 57 45	22 59	7♌14 9	4 58	13 39	23 31	13 12 18	12 13
12	T	17 22 52	19 58 44	23 4	19 12 1	4 38	10 39	23 28	25 13 43	8 58
13	W	17 26 49	20 59 44	23 8	1♍17 57	4 6	7 11	23 25	7♍25 14	5 18
14	Th	17 30 45	22 0 45	23 12	13 36 8	3 21	3 N21	23 22	19 51 14	1 N20
15	F	17 34 42	23 1 47	23 15	26 11 7	2 26	0 S 43	23 19	2♎36 23	2 S 48
16	S	17 38 38	24 2 50	23 18	9♎ 7 35	1 22	4 52	23 15	15 45 13	6 55
17	Su	17 42 35	25 3 55	23 21	22 29 42	0 S 11	8 56	23 12	29 21 21	10 51
18	M	17 46 31	26 5 0	23 23	6♏20 22	1 N 2	12 39	23 9	13♏26 46	14 18
19	T	17 50 28	27 6 6	23 24	20 40 21	2 14	15 46	23 6	28 0 44	16 59
20	W	17 54 24	28 7 13	23 25	5♐27 15	3 20	17 56	23 3	12♐59 4	18 35
21	Th	17 58 21	29♐ 8 20	23 26	20 35 4	4 18	18 55	23 0	28 13 57	18 53
22	F	18 2 18	0♑ 9 29	23 26	5♑54 20	4 48	18 31	22 56	13♑34 43	17 49
23	S	18 6 14	1 10 37	23 26	21 13 36	5 2	16 47	22 53	28 49 35	15 28
24	Su	18 10 11	2 11 46	23 25	6♒21 22	4 55	13 55	22 50	13♒47 52	12 8
25	M	18 14 7	3 12 55	23 24	21 8 13	4 29	10 12	22 47	28 21 48	8 9
26	T	18 18 4	4 14 4	23 22	5♓28 13	3 46	6 0	22 44	12♓27 19	3 S 49
27	W	18 22 0	5 15 13	23 20	19 19 7	2 51	1 S 36	22 41	26 3 49	0 N35
28	Th	18 25 57	6 16 22	23 17	2♈41 47	1 48	2 N44	22 37	9♈13 26	4 48
29	F	18 29 53	7 17 31	23 14	15 39 18	0 N42	6 48	22 34	21 59 55	8 42
30	S	18 33 50	8 18 40	23 11	28 15 53	0 S 25	10 28	22 31	4♉27 46	12 6
31	Su	18 37 47	9♑19 49	23 S 7	10♉36 9	1 S 29	13 N35	22♎28	16♉41 33	14 N55

D M	Mercury Lat.	Dec.	Venus Lat.	Dec.	Mars Lat.	Dec.	Jupiter Lat.	Dec.
	° ′	° ′	° ′	° ′	° ′	° ′	° ′	° ′
1	1 S 18	23 S 42	1 S 22	24 S 43	0 S 57	24 S 23	0 N 18	22 S 56
3	1 29	24 14	1 26	24 40	0 58	24 23	0 17	22 58
5	1 38	24 40	1 29	24 33	0 59	24 22	0 17	22 59
7	1 47	25 1	1 33	24 24	0 59	24 19	0 17	23 1
9	1 55	25 17	1 36	24 12	1 0	24 15	0 17	23 2
11	2 2	25 28	1 38	23 57	1 0	24 11	0 17	23 4
13	2 7	25 32	1 41	23 38	1 1	24 5	0 16	23 5
15	2 11	25 31	1 43	23 17	1 1	23 58	0 16	23 6
17	2 14	25 24	1 45	22 54	1 2	23 50	0 16	23 7
19	2 15	25 11	1 46	22 27	1 2	23 41	0 16	23 8
21	2 14	24 52	1 48	21 58	1 3	23 31	0 16	23 9
23	2 10	24 27	1 48	21 27	1 3	23 19	0 15	23 9
25	2 5	23 56	1 49	20 52	1 3	23 7	0 15	23 10
27	1 56	23 20	1 50	20 16	1 4	22 54	0 15	23 11
29	1 44	22 39	1 50	19 37	1 4	22 39	0 15	23 11
31	1 S 29	21 S 54	1 S 49	18 S 56	1 S 4	22 S 24	0 N 15	23 S 11

FIRST QUARTER-Dec.28. 7h. 6m. pm. (6°♈34′)

FULL MOON-Dec. 7, 1h.27m. am. (14°♊27′)

D M	☿ Long. ° ′	♀ Long. ° ′	♂ Long. ° ′	♃ Long. ° ′	♄ Long. ° ′	♅ Long. ° ′	♆ Long. ° ′	♇ Long. ° ′
1	13♐ 26	4♑54	0♑42	22♐ 33	18♓ 5	27♑48	23♑39	0♐ 49
2	14 59	6 8	1 27	22 46	18 6	27 51	23 41	0 52
3	16 33	7 23	2 13	23 0	18 7	27 54	23 43	0 54
4	18 7	8 37	2 58	23 13	18 8	27 56	23 45	0 56
5	19 40	9 52	3 44	23 27	18 10	27 59	23 46	0 59
6	21 14	11 6	4 30	23 41	18 11	28 2	23 48	1 1
7	22 48	12 20	5 15	23 54	18 13	28 4	23 50	1 3
8	24 21	13 35	6 1	24 8	18 15	28 7	23 52	1 6
9	25 55	14 49	6 47	24 21	18 16	28 10	23 54	1 8
10	27 28	16 3	7 33	24 35	18 18	28 13	23 56	1 10
11	29♐ 2	17 18	8 19	24 49	18 20	28 16	23 58	1 13
12	0♑35	18 32	9 5	25 2	18 23	28 19	24 0	1 15
13	2 9	19 46	9 51	25 16	18 25	28 22	24 2	1 17
14	3 42	21 1	10 37	25 29	18 27	28 25	24 4	1 19
15	5 15	22 15	11 23	25 43	18 30	28 28	24 6	1 22
16	6 48	23 29	12 9	25 57	18 32	28 31	24 8	1 24
17	8 21	24 44	12 56	26 11	18 35	28 34	24 10	1 26
18	9 54	25 58	13 42	26 24	18 37	28 37	24 12	1 28
19	11 26	27 12	14 28	26 38	18 40	28 40	24 14	1 31
20	12 58	28 26	15 14	26 52	18 43	28 43	24 16	1 33
21	14 30	29♑40	16 1	27 5	18 46	28 46	24 18	1 35
22	16 1	0♒54	16 47	27 19	18 49	28 50	24 20	1 37
23	17 31	2 9	17 34	27 33	18 53	28 53	24 22	1 39
24	19 0	3 23	18 20	27 46	18 56	28 56	24 24	1 41
25	20 28	4 37	19 7	28 0	18 59	28 59	24 27	1 44
26	21 54	5 51	19 53	28 14	19 3	29 3	24 29	1 46
27	23 19	7 5	20 40	28 27	19 6	29 6	24 31	1 48
28	24 41	8 19	21 27	28 41	19 10	29 9	24 33	1 50
29	26 2	9 33	22 13	28 55	19 14	29 13	24 35	1 52
30	27 19	10 46	23 0	29 8	19 18	29 16	24 37	1 54
31	28♑33	12♒ 0	23♑47	29♐ 22	19♓22	29♑19	24♑40	1♐ 56

Lunar Aspects

D	☉	☿	♀	♂	♃	♄	♅	♆	♇
1	△		□	□					△
2		△			△	⚺		□	⚻
3	⚻	⚻		△		∠	□		
4			△	⚻	⚻	⚹			
5			⚻				△	△	☍
6							⚻	⚻	
7	☍	☍			☍	□			
8				☍					
9			☍			△			⚻
10							☍	☍	△
11	⚻				⚻	⚻			
12	△	⚻		⚻	△				
13		△	⚻						□
14				△		☍	⚻	⚻	
15	□		△		□		△	△	⚹
16		□		□					
17	⚹		□		⚹		□	□	∠
18	∠	⚹			∠	⚻			⚺
19	⚺	∠	⚹	⚹	⚺	△		⚹	
20				∠			⚹	∠	☌
21		⚺	∠	⚺	☌	□	∠	⚺	
22	☌		⚺				⚺		⚺
23		☌		☌	⚺	⚹		☌	∠
24	⚺		☌		∠	∠	☌		⚹
25	∠	⚺		⚺	⚹	⚺		⚺	
26	⚹	∠	⚺	∠			⚺	∠	□
27		⚹	∠	⚹		☌	∠	⚹	
28	□		⚹		□		⚹		△
29						⚺			⚻
30		□		□	△	∠	□	□	
31	△		□		⚻				

D M	Saturn Lat. ° ′	Saturn Dec. ° ′	Uranus Lat. ° ′	Uranus Dec. ° ′	Neptune Lat. ° ′	Neptune Dec. ° ′	Pluto Lat. ° ′	Pluto Dec. ° ′
1	2S12	6S45	0S32	21S 8	0N30	20S52	12N49	7S46
3	2 12	6 43	0 32	21 6	0 30	20 52	12 49	7 47
5	2 12	6 42	0 32	21 5	0 30	20 51	12 49	7 47
7	2 11	6 40	0 32	21 4	0 30	20 51	12 49	7 48
9	2 11	6 39	0 32	21 3	0 30	20 50	12 49	7 49
11	2 11	6 37	0 32	21 2	0 30	20 50	12 49	7 50
13	2 10	6 35	0 32	21 1	0 30	20 49	12 50	7 51
15	2 10	6 33	0 32	20 59	0 30	20 48	12 50	7 51
17	2 9	6 30	0 32	20 58	0 30	20 48	12 50	7 52
19	2 9	6 28	0 32	20 57	0 30	20 47	12 50	7 53
21	2 9	6 25	0 32	20 56	0 30	20 46	12 50	7 53
23	2 8	6 22	0 32	20 54	0 30	20 45	12 51	7 54
25	2 8	6 19	0 32	20 53	0 29	20 45	12 51	7 54
27	2 8	6 16	0 32	20 52	0 29	20 44	12 51	7 55
29	2 7	6 13	0 32	20 50	0 29	20 43	12 52	7 55
31	2S 7	6S 9	0S32	20S49	0N29	20S43	12N52	7S55

Mutual Aspects

1 ☉∠♆. ☿∠♅. ♂⚺♇.
2 ♀Q♄.
3 ♀⊥♇.
4 ☿□♄. ☿⊥♆. ☿P♂.
5 ☉∠♅. ☿P♀.
7 ☿⊥♅. ♃⚺♆.
8 ☿☌♃. ☿⚺♆. ♂Q♄. ♀P♂.
9 ♂⊥♇.
10 ☉□♄. ☉⊥♆. ☿⚺♅. ♀∠♇.
12 ☿⚺♇. ♀⚹♄. ☉P♃.
14 ☉⊥♅.
15 ☉P♀.
16 ☉⚺♆. ☿Q♄. ☿⊥♇. ♀P♃.
17 ♀☌♆.
18 ☉☌♃. ♀⚺♃.
19 ☉⚺♀.
20 ♀☌♅.
21 ☉⚺♅.
22 ☿∠♇. ♂∠♇. ☉P♂.
23 ☉⚺♇. ☿☌♂. ♀⚹♇.
24 ☿⚹♄. ♀⊥♃. ♀∠♄.
25 ♂⚹♄. ♀P♅. ♀P♆. ♂P♃.
27 ☉P☿. ☿P♃.
28 ☿☌♆.
29 ☉Q♄. ☿P♂.
30 ☉⊥♇. ☉P♃.
31 ♃⚺♅.

LAST QUARTER-Dec.15, 5h.31m. am. (22°♍45′)

DAILY MOTIONS OF THE PLANETS, 1995

JANUARY

D	☉ ° ′ ″	☽ ° ′ ″	☽Dec. ° ′	☿ ° ′	♀ ° ′	♂ ′
1	1 01 11	14 44 57	2 29	1 37	0 55	1
2	1 01 11	14 25 38	3 26	1 37	0 56	0
3	1 01 11	14 00 31	4 03	1 37	0 57	1
4	1 01 11	13 32 34	4 22	1 37	0 57	2
5	1 01 10	13 04 44	4 26	1 36	0 58	2
6	1 01 10	12 39 26	4 17	1 36	0 58	3
7	1 01 09	12 18 19	4 00	1 35	0 59	4
8	1 01 09	12 02 23	3 34	1 34	0 59	5
9	1 01 08	11 51 58	3 02	1 33	1 00	6
10	1 01 08	11 47 01	2 24	1 32	1 00	6
11	1 01 08	11 47 05	1 40	1 30	1 00	7
12	1 01 07	11 51 32	0 50	1 28	1 01	8
13	1 01 06	11 59 29	0 03	1 25	1 01	9
14	1 01 06	12 09 58	0 58	1 22	1 02	10
15	1 01 05	12 21 59	1 52	1 19	1 02	10
16	1 01 05	12 34 36	2 41	1 14	1 02	11
17	1 01 04	12 47 02	3 24	1 09	1 03	12
18	1 01 04	12 58 51	3 58	1 04	1 03	13
19	1 01 03	13 09 59	4 21	0 57	1 03	14
20	1 01 03	13 20 38	4 32	0 50	1 04	14
21	1 01 03	13 31 16	4 30	0 41	1 04	15
22	1 01 02	13 42 17	4 14	0 32	1 04	16
23	1 01 02	13 53 55	3 43	0 22	1 05	17
24	1 01 01	14 05 53	2 56	0 12	1 05	17
25	1 01 01	14 17 19	1 54	0 01	1 05	18
26	1 01 00	14 26 45	0 41	0 11	1 05	19
27	1 01 00	14 32 22	0 38	0 22	1 06	19
28	1 00 59	14 32 23	1 54	0 33	1 06	20
29	1 00 58	14 25 39	2 58	0 44	1 06	20
30	1 00 57	14 12 04	3 46	0 53	1 06	21
31	1 00 56	13 52 42	4 16	1 01	1 06	21

FEBRUARY

D	☉ ° ′ ″	☽ ° ′ ″	☽Dec. ° ′	☿ ° ′	♀ ° ′	♂ ′
1	1 00 55	13 29 33	4 28	1 07	1 07	22
2	1 00 54	13 05 03	4 25	1 11	1 07	22
3	1 00 52	12 41 33	4 11	1 13	1 07	23
4	1 00 51	12 21 00	3 47	1 13	1 07	23
5	1 00 49	12 04 48	3 16	1 11	1 07	23
6	1 00 48	11 53 48	2 39	1 07	1 08	23
7	1 00 47	11 48 22	1 56	1 02	1 08	24
8	1 00 45	11 48 31	1 08	0 56	1 08	24
9	1 00 43	11 53 52	0 16	0 48	1 08	24
10	1 00 42	12 03 47	0 37	0 41	1 08	24
11	1 00 40	12 17 18	1 31	0 33	1 08	24
12	1 00 39	12 33 13	2 23	0 25	1 08	24
13	1 00 37	12 50 11	3 09	0 17	1 09	24
14	1 00 36	13 06 48	3 48	0 09	1 09	24
15	1 00 34	13 21 52	4 17	0 02	1 09	24
16	1 00 33	13 34 33	4 33	0 05	1 09	23
17	1 00 31	13 44 31	4 35	0 12	1 09	23
18	1 00 30	13 51 58	4 21	0 18	1 09	23
19	1 00 29	13 57 25	3 52	0 24	1 09	23
20	1 00 28	14 01 31	3 07	0 29	1 09	22
21	1 00 26	14 04 44	2 08	0 34	1 10	22
22	1 00 25	14 07 11	0 59	0 38	1 10	21
23	1 00 24	14 08 29	0 15	0 43	1 10	21
24	1 00 22	14 07 54	1 27	0 46	1 10	20
25	1 00 21	14 04 29	2 31	0 50	1 10	20
26	1 00 19	13 57 26	3 23	0 53	1 10	19
27	1 00 18	13 46 24	3 59	0 56	1 10	19
28	1 00 16	13 31 38	4 20	0 59	1 10	18

MARCH

D	☉ ° ′ ″	☽ ° ′ ″	☽Dec. ° ′	☿ ° ′	♀ ° ′	♂ ′
1	1 00 14	13 14 03	4 25	1 02	1 10	17
2	1 00 12	12 55 02	4 17	1 04	1 10	17
3	1 00 10	12 36 09	3 58	1 07	1 10	16
4	1 00 08	12 18 58	3 29	1 09	1 11	15
5	1 00 06	12 04 49	2 53	1 11	1 11	14
6	1 00 04	11 54 46	2 11	1 13	1 11	14
7	1 00 02	11 49 31	1 25	1 15	1 11	13
8	1 00 00	11 49 28	0 35	1 16	1 11	12
9	0 59 58	11 54 43	0 17	1 18	1 11	11
10	0 59 56	12 05 03	1 10	1 20	1 11	11
11	0 59 54	12 19 53	2 01	1 21	1 11	10
12	0 59 51	12 38 17	2 49	1 23	1 11	9
13	0 59 49	12 58 57	3 32	1 24	1 11	8
14	0 59 47	13 20 15	4 06	1 26	1 11	7
15	0 59 45	13 40 24	4 29	1 27	1 11	7
16	0 59 43	13 57 44	4 39	1 28	1 11	6
17	0 59 41	14 10 56	4 32	1 30	1 11	5
18	0 59 39	14 19 20	4 07	1 31	1 11	4
19	0 59 37	14 22 55	3 24	1 32	1 11	4
20	0 59 36	14 22 14	2 26	1 34	1 11	3
21	0 59 34	14 18 12	1 17	1 35	1 12	2
22	0 59 32	14 11 42	0 02	1 36	1 12	1
23	0 59 30	14 03 29	1 10	1 38	1 12	1
24	0 59 29	13 54 02	2 14	1 39	1 12	0
25	0 59 27	13 43 31	3 06	1 40	1 12	1
26	0 59 25	13 32 00	3 44	1 42	1 12	2
27	0 59 23	13 19 27	4 08	1 43	1 12	2
28	0 59 21	13 05 19	4 18	1 44	1 12	3
29	0 59 19	12 51 03	4 16	1 46	1 12	4
30	0 59 17	12 37 36	4 02	1 47	1 12	4
31	0 59 15	12 23 49	3 38	1 48	1 12	5

APRIL

D	☉ ° ′ ″	☽ ° ′ ″	☽Dec. ° ′	☿ ° ′	♀ ° ′	♂ ′
1	0 59 13	12 11 18	3 05	1 50	1 12	6
2	0 59 11	12 00 53	2 25	1 51	1 12	6
3	0 59 09	11 53 21	1 40	1 53	1 12	7
4	0 59 07	11 49 25	0 51	1 54	1 12	8
5	0 59 04	11 49 40	0 00	1 55	1 12	8
6	0 59 02	11 54 30	0 52	1 57	1 12	9
7	0 59 00	12 04 08	1 42	1 58	1 12	9
8	0 58 57	12 18 30	2 29	1 59	1 12	10
9	0 58 55	12 37 10	3 12	2 01	1 12	11
10	0 58 53	12 59 18	3 48	2 02	1 12	11
11	0 58 51	13 23 35	4 17	2 03	1 12	12
12	0 58 48	13 48 15	4 34	2 04	1 12	12
13	0 58 46	14 11 11	4 37	2 05	1 12	13
14	0 58 44	14 30 10	4 22	2 06	1 12	13
15	0 58 42	14 43 20	3 47	2 06	1 12	14
16	0 58 40	14 49 30	2 52	2 07	1 12	14
17	0 58 39	14 48 22	1 42	2 07	1 12	15
18	0 58 37	14 40 37	0 24	2 07	1 12	15
19	0 58 35	14 27 37	0 53	2 07	1 12	16
20	0 58 34	14 11 08	2 01	2 06	1 12	16
21	0 58 32	13 52 51	2 56	2 05	1 12	17
22	0 58 30	13 34 13	3 36	2 04	1 12	17
23	0 58 29	13 16 16	4 01	2 02	1 12	17
24	0 58 27	12 59 37	4 13	2 00	1 12	18
25	0 58 25	12 44 35	4 13	1 58	1 12	18
26	0 58 24	12 31 14	4 03	1 56	1 12	19
27	0 58 22	12 19 34	3 42	1 53	1 13	19
28	0 58 20	12 09 34	3 13	1 50	1 13	19
29	0 58 19	12 01 18	2 37	1 47	1 13	20
30	0 58 17	11 54 55	1 53	1 43	1 13	20

DAILY MOTIONS OF THE PLANETS, 1995

MAY

D	☉	☽	☽Dec.	☿	♀	♂
	° ′ ″	° ′ ″	° ′ ″	° ′	° ′	° ′
1	0 58 15	11 50 41	1 05	1 40	1 13	20
2	0 58 13	11 49 01	0 15	1 36	1 13	21
3	0 58 11	11 50 19	0 36	1 32	1 13	21
4	0 58 09	11 55 05	1 26	1 28	1 13	22
5	0 58 07	12 03 42	2 12	1 24	1 13	22
6	0 58 05	12 16 28	2 55	1 20	1 13	22
7	0 58 03	12 33 29	3 31	1 16	1 13	22
8	0 58 01	12 54 30	4 01	1 12	1 13	23
9	0 58 00	13 18 50	4 22	1 07	1 13	23
10	0 57 58	13 45 13	4 32	1 03	1 13	23
11	0 57 56	14 11 45	4 27	0 59	1 13	24
12	0 57 54	14 35 58	4 04	0 54	1 13	24
13	0 57 53	14 55 10	3 21	0 50	1 13	24
14	0 57 51	15 06 51	2 17	0 45	1 13	24
15	0 57 50	15 09 22	0 58	0 40	1 13	25
16	0 57 48	15 02 23	0 35	0 35	1 13	25
17	0 57 47	14 47 04	1 43	0 31	1 13	25
18	0 57 46	14 25 39	2 46	0 26	1 13	26
19	0 57 45	14 00 53	3 32	0 21	1 13	26
20	0 57 44	13 35 24	4 00	0 16	1 13	26
21	0 57 43	13 11 14	4 14	0 11	1 13	26
22	0 57 42	12 49 47	4 15	0 06	1 13	26
23	0 57 41	12 31 44	4 05	0 02	1 13	27
24	0 57 40	12 17 17	3 47	0 03	1 13	27
25	0 57 39	12 06 16	3 20	0 07	1 13	27
26	0 57 37	11 58 20	2 46	0 12	1 13	27
27	0 57 36	11 53 04	2 05	0 16	1 13	28
28	0 57 35	11 50 07	1 19	0 19	1 13	28
29	0 57 34	11 49 13	0 29	0 23	1 13	28
30	0 57 33	11 50 16	0 22	0 26	1 13	28
31	0 57 32	11 53 20	1 12	0 28	1 13	28

JUNE

D	☉	☽	☽Dec.	☿	♀	♂
	° ′ ″	° ′ ″	° ′ ″	° ′	° ′	° ′
1	0 57 31	11 58 40	1 59	0 31	1 13	29
2	0 57 29	12 06 38	2 42	0 32	1 13	29
3	0 57 28	12 17 39	3 18	0 33	1 13	29
4	0 57 27	12 32 08	3 48	0 34	1 13	29
5	0 57 26	12 50 16	4 10	0 33	1 13	29
6	0 57 25	13 12 00	4 23	0 33	1 13	30
7	0 57 23	13 36 42	4 24	0 31	1 13	30
8	0 57 22	14 03 08	4 10	0 30	1 13	30
9	0 57 21	14 29 12	3 39	0 27	1 13	30
10	0 57 20	14 52 10	2 47	0 25	1 13	30
11	0 57 19	15 08 54	1 37	0 21	1 13	30
12	0 57 19	15 16 37	0 14	0 18	1 13	30
13	0 57 18	15 13 42	1 10	0 14	1 13	31
14	0 57 17	15 00 21	2 25	0 10	1 13	31
15	0 57 17	14 38 31	3 22	0 06	1 13	31
16	0 57 17	14 11 16	3 59	0 01	1 13	31
17	0 57 16	13 42 02	4 18	0 03	1 13	31
18	0 57 16	13 13 42	4 22	0 08	1 13	31
19	0 57 16	12 48 25	4 13	0 12	1 13	32
20	0 57 16	12 27 23	3 55	0 17	1 13	32
21	0 57 15	12 11 07	3 29	0 22	1 13	32
22	0 57 15	11 59 34	2 56	0 26	1 13	32
23	0 57 15	11 52 21	2 17	0 31	1 13	32
24	0 57 15	11 48 54	1 32	0 35	1 13	32
25	0 57 15	11 48 30	0 44	0 40	1 13	32
26	0 57 14	11 50 32	0 07	0 44	1 13	33
27	0 57 14	11 54 27	0 58	0 49	1 13	33
28	0 57 14	11 59 52	1 47	0 53	1 13	33
29	0 57 14	12 06 39	2 31	0 57	1 13	33
30	0 57 13	12 14 52	3 09	1 01	1 13	33

JULY

D	☉	☽	☽Dec.	☿	♀	♂
	° ′ ″	° ′ ″	° ′ ″	° ′	° ′	° ′
1	0 57 13	12 24 50	3 39	1 05	1 13	33
2	0 57 13	12 36 59	4 02	1 10	1 13	33
3	0 57 12	12 51 45	4 15	1 14	1 13	33
4	0 57 12	13 09 25	4 18	1 17	1 13	34
5	0 57 12	13 29 58	4 09	1 21	1 13	34
6	0 57 12	13 52 46	3 45	1 25	1 13	34
7	0 57 11	14 16 26	3 05	1 29	1 13	34
8	0 57 11	14 38 47	2 06	1 33	1 13	34
9	0 57 11	14 56 54	0 52	1 36	1 13	34
10	0 57 11	15 07 48	0 30	1 40	1 13	34
11	0 57 11	15 09 08	1 50	1 43	1 13	34
12	0 57 12	15 00 01	2 58	1 47	1 14	34
13	0 57 12	14 41 30	3 48	1 50	1 14	35
14	0 57 12	14 16 07	4 18	1 53	1 14	35
15	0 57 13	13 47 13	4 28	1 56	1 14	35
16	0 57 13	13 18 04	4 24	1 58	1 14	35
17	0 57 14	12 51 15	4 07	2 00	1 14	35
18	0 57 15	12 28 32	3 42	2 02	1 14	35
19	0 57 15	12 10 49	3 09	2 04	1 14	35
20	0 57 16	11 58 26	2 30	2 05	1 14	35
21	0 57 17	11 51 11	1 47	2 06	1 14	35
22	0 57 18	11 48 34	0 59	2 07	1 14	36
23	0 57 19	11 49 54	0 09	2 07	1 14	36
24	0 57 19	11 54 21	0 42	2 07	1 14	36
25	0 57 20	12 01 08	1 32	2 07	1 14	36
26	0 57 21	12 09 26	2 18	2 07	1 14	36
27	0 57 21	12 18 41	2 59	2 06	1 14	36
28	0 57 22	12 28 31	3 32	2 05	1 14	36
29	0 57 23	12 38 51	3 57	2 04	1 14	36
30	0 57 23	12 49 53	4 12	2 03	1 14	36
31	0 57 24	13 01 59	4 16	2 02	1 14	36

AUGUST

D	☉	☽	☽Dec.	☿	♀	♂
	° ′ ″	° ′ ″	° ′ ″	° ′	° ′	° ′
1	0 57 25	13 15 35	4 09	2 01	1 14	37
2	0 57 25	13 30 54	3 48	1 59	1 14	37
3	0 57 26	13 47 51	3 13	1 58	1 14	37
4	0 57 27	14 05 42	2 22	1 56	1 14	37
5	0 57 27	14 23 03	1 18	1 55	1 14	37
6	0 57 28	14 37 48	0 03	1 53	1 14	37
7	0 57 29	14 47 35	1 14	1 52	1 14	37
8	0 57 30	14 50 13	2 26	1 50	1 14	37
9	0 57 31	14 44 27	3 25	1 49	1 14	37
10	0 57 32	14 30 26	4 05	1 47	1 14	37
11	0 57 33	14 09 42	4 26	1 46	1 14	37
12	0 57 34	13 44 43	4 30	1 44	1 14	37
13	0 57 35	13 18 18	4 19	1 42	1 14	38
14	0 57 37	12 53 00	3 56	1 41	1 14	38
15	0 57 38	12 30 46	3 24	1 40	1 14	38
16	0 57 40	12 12 55	2 46	1 38	1 14	38
17	0 57 42	12 00 08	2 02	1 37	1 14	38
18	0 57 43	11 52 37	1 15	1 35	1 14	38
19	0 57 45	11 50 13	0 25	1 34	1 14	38
20	0 57 46	11 52 29	0 25	1 32	1 14	38
21	0 57 48	11 58 42	1 15	1 31	1 14	38
22	0 57 50	12 08 01	2 03	1 29	1 14	38
23	0 57 51	12 19 31	2 46	1 28	1 14	38
24	0 57 53	12 32 12	3 22	1 26	1 14	38
25	0 57 54	12 45 14	3 51	1 25	1 14	39
26	0 57 56	12 57 57	4 10	1 23	1 14	39
27	0 57 57	13 10 02	4 18	1 22	1 14	39
28	0 57 58	13 21 23	4 13	1 20	1 14	39
29	0 58 00	13 32 13	3 54	1 19	1 14	39
30	0 58 01	13 42 47	3 21	1 17	1 14	39
31	0 58 03	13 53 14	2 33	1 15	1 14	39

DAILY MOTIONS OF THE PLANETS, 1995

SEPTEMBER

D	☉ ° ′ ″	☽ ° ′ ″	☽Dec. ° ′	☿ ° ′	♀ ° ′	♂ ° ′
1	0 58 04	14 03 24	1 33	1 13	1 14	39
2	0 58 05	14 12 41	0 24	1 11	1 14	39
3	0 58 07	14 20 06	0 48	1 09	1 14	39
4	0 58 08	14 24 19	1 58	1 07	1 14	39
5	0 58 10	14 24 04	2 58	1 05	1 14	40
6	0 58 11	14 18 29	3 45	1 03	1 14	40
7	0 58 13	14 07 21	4 14	1 01	1 14	40
8	0 58 14	13 51 20	4 27	0 58	1 14	40
9	0 58 16	13 31 48	4 23	0 55	1 15	40
10	0 58 18	13 10 31	4 06	0 52	1 15	40
11	0 58 20	12 49 22	3 38	0 49	1 15	40
12	0 58 22	12 30 00	3 02	0 46	1 15	40
13	0 58 24	12 13 46	2 19	0 42	1 15	40
14	0 58 26	12 01 38	1 32	0 39	1 15	40
15	0 58 29	11 54 10	0 42	0 34	1 15	40
16	0 58 31	11 51 39	0 08	0 30	1 15	40
17	0 58 33	11 54 03	0 58	0 25	1 15	40
18	0 58 35	12 01 02	1 45	0 20	1 15	41
19	0 58 37	12 12 02	2 29	0 15	1 15	41
20	0 58 39	12 26 16	3 08	0 09	1 15	41
21	0 58 41	12 42 41	3 41	0 02	1 15	41
22	0 58 43	13 00 06	4 05	0 04	1 15	41
23	0 58 46	13 17 18	4 18	0 11	1 15	41
24	0 58 48	13 33 10	4 18	0 18	1 15	41
25	0 58 49	13 46 47	4 04	0 25	1 15	41
26	0 58 51	13 57 39	3 34	0 33	1 15	41
27	0 58 53	14 05 33	2 48	0 40	1 15	41
28	0 58 55	14 10 35	1 49	0 47	1 15	41
29	0 58 57	14 12 58	0 40	0 54	1 15	41
30	0 58 59	14 12 59	0 31	0 59	1 15	41

OCTOBER

D	☉ ° ′ ″	☽ ° ′ ″	☽Dec. ° ′	☿ ° ′	♀ ° ′	♂ ° ′
1	0 59 00	14 10 46	1 40	1 04	1 15	42
2	0 59 02	14 06 20	2 40	1 07	1 15	42
3	0 59 04	13 59 38	3 27	1 09	1 15	42
4	0 59 05	13 50 34	3 59	1 09	1 15	42
5	0 59 07	13 39 12	4 17	1 07	1 15	42
6	0 59 09	13 25 46	4 20	1 04	1 15	42
7	0 59 11	13 10 45	4 10	0 58	1 15	42
8	0 59 13	12 54 52	3 48	0 51	1 15	42
9	0 59 15	12 39 00	3 15	0 42	1 15	42
10	0 59 17	12 24 07	2 35	0 33	1 15	42
11	0 59 20	12 11 08	1 49	0 22	1 15	42
12	0 59 22	12 00 57	1 00	0 11	1 15	42
13	0 59 24	11 54 17	0 09	0 00	1 15	42
14	0 59 27	11 51 43	0 41	0 10	1 15	42
15	0 59 29	11 53 39	1 28	0 21	1 15	43
16	0 59 31	12 00 14	2 12	0 31	1 15	43
17	0 59 33	12 11 27	2 52	0 40	1 15	43
18	0 59 36	12 26 54	3 26	0 49	1 15	43
19	0 59 38	12 45 55	3 54	0 56	1 15	43
20	0 59 40	13 07 24	4 12	1 03	1 15	43
21	0 59 42	13 29 53	4 20	1 09	1 15	43
22	0 59 44	13 51 37	4 14	1 14	1 15	43
23	0 59 46	14 10 43	3 51	1 19	1 15	43
24	0 59 48	14 25 25	3 10	1 23	1 15	43
25	0 59 50	14 34 27	2 12	1 26	1 15	43
26	0 59 52	14 37 14	1 02	1 29	1 15	43
27	0 59 54	14 34 01	0 13	1 31	1 15	43
28	0 59 56	14 25 44	1 25	1 33	1 15	43
29	0 59 57	14 13 45	2 28	1 34	1 15	43
30	0 59 59	13 59 32	3 17	1 35	1 15	44
31	1 00 00	13 44 21	3 51	1 36	1 15	44

NOVEMBER

D	☉ ° ′ ″	☽ ° ′ ″	☽Dec. ° ′	☿ ° ′	♀ ° ′	♂ ° ′
1	1 00 02	13 29 08	4 10	1 37	1 15	44
2	1 00 03	13 14 29	4 16	1 38	1 15	44
3	1 00 05	13 00 38	4 10	1 38	1 15	44
4	1 00 07	12 47 39	3 52	1 38	1 15	44
5	1 00 09	12 35 33	3 24	1 38	1 15	44
6	1 00 10	12 24 20	2 48	1 38	1 15	44
7	1 00 12	12 14 08	2 05	1 38	1 15	44
8	1 00 14	12 05 14	1 16	1 38	1 15	44
9	1 00 16	11 58 03	0 26	1 38	1 15	44
10	1 00 18	11 53 08	0 25	1 38	1 15	44
11	1 00 20	11 51 05	1 13	1 37	1 15	44
12	1 00 22	11 52 31	1 57	1 37	1 15	44
13	1 00 23	11 57 58	2 37	1 37	1 15	44
14	1 00 25	12 07 53	3 11	1 37	1 15	45
15	1 00 27	12 22 27	3 40	1 36	1 15	45
16	1 00 29	12 41 34	4 01	1 36	1 15	45
17	1 00 31	13 04 42	4 14	1 36	1 15	45
18	1 00 33	13 30 42	4 16	1 36	1 15	45
19	1 00 35	13 57 45	4 03	1 35	1 15	45
20	1 00 36	14 23 24	3 32	1 35	1 15	45
21	1 00 38	14 44 47	2 43	1 35	1 15	45
22	1 00 39	14 59 09	1 36	1 35	1 15	45
23	1 00 41	15 04 30	0 17	1 35	1 15	45
24	1 00 42	15 00 16	1 03	1 34	1 15	45
25	1 00 43	14 47 27	2 13	1 34	1 15	45
26	1 00 44	14 28 18	3 09	1 34	1 15	45
27	1 00 45	14 05 37	3 48	1 34	1 15	45
28	1 00 46	13 42 03	4 10	1 34	1 15	45
29	1 00 47	13 19 41	4 17	1 34	1 15	45
30	1 00 48	12 59 49	4 12	1 34	1 14	45

DECEMBER

D	☉ ° ′ ″	☽ ° ′ ″	☽Dec. ° ′	☿ ° ′	♀ ° ′	♂ ° ′
1	1 00 49	12 43 01	3 56	1 34	1 14	45
2	1 00 50	12 29 20	3 31	1 34	1 14	46
3	1 00 51	12 18 29	2 58	1 34	1 14	46
4	1 00 52	12 09 58	2 17	1 34	1 14	46
5	1 00 53	12 03 21	1 31	1 34	1 14	46
6	1 00 54	11 58 15	0 42	1 34	1 14	46
7	1 00 55	11 54 31	0 09	1 34	1 14	46
8	1 00 56	11 52 13	0 58	1 34	1 14	46
9	1 00 57	11 51 39	1 44	1 34	1 14	46
10	1 00 58	11 53 19	2 25	1 34	1 14	46
11	1 00 59	11 57 51	3 00	1 33	1 14	46
12	1 01 00	12 05 56	3 28	1 33	1 14	46
13	1 01 01	12 18 11	3 50	1 33	1 14	46
14	1 01 02	12 35 00	4 04	1 33	1 14	46
15	1 01 03	12 56 28	4 09	1 33	1 14	46
16	1 01 04	13 22 06	4 03	1 33	1 14	46
17	1 01 05	13 50 41	3 43	1 33	1 14	46
18	1 01 06	14 19 59	3 06	1 32	1 14	46
19	1 01 07	14 46 54	2 11	1 32	1 14	46
20	1 01 08	15 07 48	0 58	1 31	1 14	46
21	1 01 08	15 19 17	0 23	1 31	1 14	46
22	1 01 09	15 19 16	1 44	1 30	1 14	46
23	1 01 09	15 07 46	2 53	1 29	1 14	47
24	1 01 09	14 46 52	3 42	1 28	1 14	47
25	1 01 09	14 20 00	4 12	1 26	1 14	47
26	1 01 09	13 50 53	4 24	1 25	1 14	47
27	1 01 09	13 22 40	4 20	1 23	1 14	47
28	1 01 09	12 57 31	4 05	1 20	1 14	47
29	1 01 09	12 36 35	3 40	1 17	1 14	47
30	1 01 09	12 20 16	3 07	1 14	1 14	47
31	1 01 09	12 08 20	2 29	1 10	1 14	47

d h m	PHENOMENA, 1995	d h m	PHENOMENA, 1995
Jan.		Jul.	
4 11 00 am	⊕ in Perihelion	4 2 00 am	⊕ in Aphelion
6 11 24 am	☽ on Equator	4 5 53 am	☽ on Equator
11 9 56 pm	☽ in Apogee	8 6 36 am	♀ in ♌
13 0 00 pm	♀ Gt. Elong.47°W.	10 3 27 pm	☽ Max. Dec.19°S.22′
13 10 38 pm	☽ Max. Dec.19°N.59′	11 10 07 am	☽ in Perigee
19 8 00 am	☿ Gt. Elong.19°E.	15 4 25 pm	☿ in ♌
20 5 53 pm	☿ in ♌	16 8 03 pm	☽ on Equator
21 1 55 am	☽ on Equator	20 8 08 am	☿ in Perihelion
25 9 34 am	☿ in Perihelion	23 8 23 pm	☽ in Apogee
27 0 24 pm	☽ Max. Dec.19°S.53′	24 4 08 am	☽ Max. Dec.19°N.19′
27 11 17 pm	☽ in Perigee	31 0 25 pm	☽ on Equator
Feb.		Aug.	
2 10 07 pm	☽ on Equator	7 1 05 am	☽ Max. Dec.19°S.13′
8 5 59 pm	☽ in Apogee	8 1 59 pm	☽ in Perigee
10 7 27 am	☽ Max. Dec.19°N.47′	11 0 58 am	♀ in Perihelion
17 9 07 am	☽ on Equator	13 6 32 am	☽ on Equator
23 2 06 am	☽ in Perigee	20 11 45 am	☽ in Apogee
23 7 18 pm	☽ Max. Dec.19°S.39′	20 0 06 pm	☽ Max. Dec.19°N. 8′
28 1 05 am	☿ in ♋	21 7 26 am	♂ in ♋
Mar.		22 11 36 pm	☿ in ♋
1 11 00 am	☿ Gt. Elong.27°W.	27 7 05 pm	☽ on Equator
2 8 00 am	☽ on Equator	Sep.	
8 3 00 pm	☽ in Apogee	2 7 45 am	☿ in Aphelion
9 4 04 pm	☽ Max. Dec.19°N.32′	3 8 06 am	☽ Max. Dec.19°S. 1′
10 9 13 am	☿ in Aphelion	5 1 23 am	☽ in Perigee
14 1 31 am	♂ in Aphelion	9 4 00 am	☿ Gt. Elong.27°E.
16 5 51 pm	☽ on Equator	9 4 29 pm	☽ on Equator
17 3 18 am	♀ in ♋	16 8 14 am	☽ Max. Dec.18°N.56′
20 1 20 pm	☽ in Perigee	17 6 13 am	☽ in Apogee
21 2 14 am	☉ Enters ♈,Equinox	23 0 13 pm	☉ Enters ♎,Equinox
23 0 44 am	☽ Max. Dec.19°S.27′	24 2 55 am	☽ on Equator
29 3 40 pm	☽ on Equator	30 3 28 am	☽ in Perigee
Apr.		30 1 29 pm	☽ Max. Dec.18°S.52′
5 10 13 am	☽ in Apogee	Oct.	
5 11 53 pm	☽ Max. Dec.19°N.23′	7 0 41 am	☽ on Equator
13 3 41 am	☽ on Equator	11 3 40 pm	☿ in ♌
15 0 08 pm	☽ Partial Eclipse	14 4 18 am	☽ Max. Dec.18°N.51′
17 8 25 am	☽ in Perigee	15 2 02 am	☽ in Apogee
18 5 10 pm	☿ in ♌	16 7 23 am	☿ in Perihelion
19 7 22 am	☽ Max. Dec.19°S.22′	20 2 00 pm	☿ Gt. Elong.18°W.
20 6 16 pm	♀ in Aphelion	21 0 13 pm	☽ on Equator
23 8 51 am	☿ in Perihelion	24 4 36 am	● Total Eclipse
25 9 29 pm	☽ on Equator	26 8 53 pm	☽ in Perigee
29 5 36 pm	● Annular Eclipse	27 7 49 pm	☽ Max. Dec.18°S.51′
May		27 8 05 pm	♀ in ♋
3 0 58 am	☽ in Apogee	Nov.	
3 6 54 am	☽ Max. Dec.19°N.22′	3 7 05 am	☽ on Equator
10 1 33 pm	☽ on Equator	10 0 09 pm	☽ Max. Dec.18°N.53′
12 2 00 am	☿ Gt. Elong.22°E.	11 8 55 pm	☽ in Apogee
15 3 23 pm	☽ in Perigee	17 10 19 pm	☽ on Equator
16 4 41 pm	☽ Max. Dec.19°S.23′	18 10 51 pm	☿ in ♋
23 3 14 am	☽ on Equator	23 10 54 pm	☽ in Perigee
27 0 21 am	☿ in ♋	24 5 10 am	☽ Max. Dec.18°S.55′
30 8 02 am	☽ in Apogee	29 7 00 am	☿ in Aphelion
30 1 39 pm	☽ Max. Dec.19°N.25′	30 1 06 pm	☽ on Equator
Jun.		Dec.	
6 8 30 am	☿ in Aphelion	1 10 40 am	♀ in Aphelion
6 10 25 pm	☽ on Equator	7 7 50 pm	☽ Max. Dec.18°N.57′
13 1 13 am	☽ in Perigee	9 10 00 am	☽ in Apogee
13 4 00 am	☽ Max. Dec.19°S.25′	15 7 51 am	☽ on Equator
19 10 37 am	☽ on Equator	21 5 15 pm	☽ Max. Dec.18°S.57′
21 8 34 pm	☉ Enters ♋,Solstice	22 8 17 am	☉ Enters ♑,Solstice
26 11 03 pm	☽ in Apogee	22 9 59 pm	☽ in Perigee
26 8 38 pm	☽ Max. Dec.19°N.25′	27 8 48 pm	☽ on Equator
29 4 00 pm	☿ Gt. Elong.22°W.		

Showing the approximate time when each Aspect is formed.
am denotes morning; pm denotes afternoon.
Note:- Semi-quintile, or 36° apart, ⊥; Bi-quintile, or 144° ±; Quincunx or 150° ∇
☽ • ● Eclipse of ☉. ☽ •• ☉ Eclipse of ☽. • Occultation by ☽.

JANUARY

1	☽⊻♃	1am	34	g
SU	☽✱♄	6	50	G
	☽∠♀	8	44	b
	☽☌☉	10	56	D
	☽∠♇	5pm	23	b
	☉⊥♃	6	48	
	☽⚼♂	10	26	b
2	☽∠♃	2am	9	b
M	☽☌☿	6	16	G
	☽☌♆	6	30	D
	☽∠♄	7	18	b
	☿☌♆	8	25	
	☽✱♀	10	43	G
	☽☌♅	11	20	B
	☿∠♄	4pm	1	
	☽P♀	4	35	G
	☽✱♇	5	57	G
	♀✱♅	8	50	
	♂Stat	9	26	
3	☽✱♃	3am	13	G
TU	☽P♂	4	57	B
	☽⊻♄	8	17	g
	☽⊻☉	4pm	5	g
4	☽P♄	3am	45	B
W	☿☌♅	5	31	
	☽⊻♆	9	2	g
	☽⊻♅	2pm	14	g
	☽⊻☿	3	21	g
	☽□♀	5	5	B
	☽∠☉	8	3	b
	☿±♂	8	9	
	☽□♇	9	11	B
	☽P♇	9	16	D
5	☽☍♂	2am	29	B
TH	☽□♃	7	46	B
	☽∠♆	11	37	b
	☉∠♇	11	39	
	☽☌♄	0pm	47	B
	☉P☿	2	17	
	☽∠♅	5	4	b
	☽∠☿	9	51	b
6	☿✱♀	1am	13	
F	☽✱☉	1	17	G
	☽✱♆	3pm	17	G
	☿✱♇	5	48	
	☽✱♅	8	59	G
7	☽△♀	4am	20	G
S	☽△♇	4	24	G
	♀☌♇	5	6	
	☽✱☿	5	55	G
	☽△♃	4pm	34	G
	☽⊻♄	9	30	g
8	☽P♇	3am	34	D
SU	☉⚼♂	6	0	
	☽⚼♇	9	34	b
	☿∇♂	11	30	
	☽⚼♀	11	58	b
	☿P♅	0pm	37	
	☿⊥♄	2	24	
	☽⚼♂	2	54	b
	☽□☉	3	46	B
	☽P♄	10	12	B
	☽⚼♃	10	31	b
9	☽□♆	1am	40	B
M	☽∠♄	3	20	b
	☽□♅	7	51	B
	☿P♆	3pm	27	
	☽△♂	8	43	G
	♀□♂	9	28	
10	☽□☿	2am	2	B
TU	☽P♂	5	15	B
	☿P♃	7	4	
	☽✱♄	9	50	G
11	☿✱♃	5	16	
W	☽△☉	10	2	G
	☽P♀	0pm	5	G
	☽△♆	2	38	G
	☽△♅	9	2	G
12	♂±♅	1am	14	
TH	☽☍♇	4	40	B
	☽□♂	9	11	B
	☽☍♀	3pm	19	B
	☉∠♃	4	24	
	☿⊻♄	6	28	
	☽☍♃	7	13	B
	☽⚼☉	7	26	b
	☽P☿	7	33	G
	☽⚼♆	9	14	b
	☽□♄	11	22	B
13	☽△☿	0am	1	G
F	☽⚼♅	3	39	b
	☉☌♆	5pm	6	
14	☉P♅	4am	28	
S	☽⚼☿	10	15	b
	☿Q♇	6pm	50	
	☽✱♂	8	45	G
	☉∠♄	9	36	
	♀☌♃	9	51	
15	☿P♀	5am	50	
SU	☽△♄	11	41	G
	♀∠♆	2pm	20	
	☽P♀	9	21	G
	☽⚼♇	10	41	b
16	☽∠♂	1am	43	b
M	☉±♂	3	10	
	☽P☿	5	35	G
	☽⚼♃	1pm	40	b
	☽☍♆	2	31	B
	☽⚼♀	4	37	b
	☽⚼♄	4	59	b
	☉P♆	7	26	
	☽☍☉	8	26	B
	☽☍♅	8	44	B
	♀□♄	9	18	
17	☉☌♅	0am	22	
TU	☉P♃	1	53	
	☽△♇	3	36	G
	☽⊻♂	6	5	g
	☽P♂	8	4	B
	☽△♃	6pm	38	G
	☽△♀	11	38	G
18	☽☍☿	10am	47	B
W	♃P♆	0pm	29	
	☽P♄	8	23	B
	♀∠♅	8	46	
19	☽P♇	11am	34	D
TH	☽□♇	11	45	B
	☽☌♂	1pm	11	B
	♃∠♆	4	21	
20	☽⚼♆	2am	49	b
F	☽□♃	2	55	B
	☽☍♄	5	33	B
	☽⚼♅	8	50	b
	☽□♀	11	47	B
	☉✱♇	2pm	53	
	☽⚼☉	3	9	b
	☿P♂	6	2	
21	☉∇♂	0am	40	
S	☽△♆	5	59	G
	☽△♅	11	58	G
	☽✱♇	6pm	5	G
	☽⊻♂	6	27	g
	☽△☉	8	15	G
22	☽⚼☿	2am	34	b
SU	☽✱♃	9	24	G
	♂□♇	0pm	24	
	☽P♇	3	24	D
	☽∠♂	8	28	b
	☽∠♇	8	39	b
	☽✱♀	9	50	G
23	☽P♄	4am	47	B
M	☽△☿	6	8	G
	☉P♀	9	45	
	☽□♆	11	7	B
	☽∠♃	0pm	2	b
	☽⚼♄	2	8	b
	☽□♅	5	0	B
	☽✱♂	10	6	G
	☽⊻♇	10	48	g
24	☽∠♀	2am	7	b
TU	☽□☉	4	58	B
	☽P☿	6	39	G
	♀⊥♆	10	33	
	☽⊻♃	2pm	14	g
	☽△♄	4	11	G
	☉⊥♄	5	43	
	☽P♂	9	49	B
	♂±♆	9	59	
25	☽⊻♀	5am	55	g
W	☽□☿	10	50	B
	☽✱♆	2pm	40	G
	☽✱♅	8	27	G
26	☽□♂	0am	11	B
TH	☿Stat	1	15	
	☽☌♇	1	57	D
	☽P☉	5	43	G
	☽✱☉	11	44	G
	☽∠♆	3pm	53	b
	☽☌♃	5	28	G
	☽□♄	7	8	B
	☽∠♅	9	38	b
27	☽•♀	0	13	G
F	☽✱☿	0	40	G
	☽∠☉	2	32	b
	☽⊻♆	4	50	g
	☿✱♀	5	4	
	♀⊥♅	5	55	
	☽⊻♅	10	34	g
28	☽△♂	1am	0	G
S	☽⊻♇	3	50	g
	☽∠☿	0pm	48	b
	☽⊻☉	5	8	g
	☽⊻♃	7	38	g
	☽✱♄	9	7	G
29	☽⚼♂	1am	12	b
SU	☽P☉	4	36	G
	☽∠♇	4	37	b
	☽⊻☿	0pm	39	g
	☽⊻♀	5	47	g
	☽☌♆	6	29	D
	☽∠♃	8	43	b
	☽P♂	9	4	B
	☽∠♄	10	7	b
30	☽☌♅	0am	21	B
M	♀⊻♆	3	19	
	☽✱♇	5	32	G
	☉✱♃	11	9	
	♃P♅	3pm	20	
	☽∠♀	8	55	b
	☽✱♃	10	5	G
	☽☌☉	10	48	D
	☽⊻♄	11	25	g
31	☽P☿	1am	3	G
TU	☉⊻♄	8	29	
	☽☌☿	0pm	16	G
	♂∇♅	5	44	
	☽P♄	9	1	B
	☽⊻♆	9	12	g

FEBRUARY

1	☽✱♀	0am	42	G
W	☽☍♂	3.	6	B
	☽⊻♅	3	23	g
	☽P♇	8	21	D
	☽□♇	8	39	B
	☉Q♇	4pm	6	
	☽∠♆	11	31	b
	♀△♂	11	52	
2	☽□♃	2am	37	B
TH	☽☌♄	3	51	B
	☽∠♅	5	56	b
	☽⊻☉	7	1	g
	♀⊻♅	11	45	
	☽⊻☿	1pm	6	g
	☉P♂	1	6	
3	☽✱♆	2am	44	G
F	☽✱♅	9	25	G
	☽□♀	11	21	B
	☽∠☉	0pm	45	b
	☽∠☿	2	22	b
	☽△♇	2	53	G
	☉☌☿	11	0	
4	☿∠♀	5am	34	
S	♀Q♄	8	18	
	☽△♃	10	45	G
	♀P♆	10	50	
	☽⚼♂	10	51	b
	☽⊻♄	11	55	g
	☽P♇	1pm	41	D
	☽✱☿	4	21	G
	☽⚼♇	7	28	b
	☽✱☉	7	45	G
5	☽P♄	1am	11	B
SU	♀⊻♇	4	33	
	☽□♆	0pm	4	B
	☽△♂	3	9	G
	☽⚼♃	4	18	b
	☽∠♄	5	25	b
	☽□♅	7	19	B
	☿Q♇	7	27	
6	☽△♀	3am	0	G
M	☿⊻♄	10	2	
	☽P☿	11	57	G
	☿✱♃	7pm	55	
	☽□☿	10	22	B
	☽✱♄	11	41	G
7	☽P☉	2am	40	G
TU	☽⚼♀	0pm	20	b
	☽□☉	0	54	B
8	☽△♆	0am	29	G
W	☽□♂	1	33	B
	☽P♂	1	45	B
	☿⊥♀	4	20	
	☽△♅	8	4	G
	☽☍♇	1pm	37	B
9	☽△☿	6am	27	G
TH	♂∇♆	6	49	
	☽⚼♆	7	5	b
	☉P☿	10	45	
	☽☍♃	0pm	17	B
	☽□♄	1	12	B
	☽⚼♅	2	41	b
	☉∠♀	4	22	
10	☽△☉	7am	28	G
F	☽⚼☿	10	47	b
	☽✱♂	0pm	23	G
	♀⊥♇	1	49	
11	☿⊻♀	5am	20	
S	☽⚼☉	4pm	2	b
	☽☍♀	4	34	B
	☽∠♂	5	13	b
	♀⚼♂	9	49	
12	☽△♄	1am	36	G
SU	☉☍♂	2	31	
	☽P♂	4	37	B
	☽⚼♇	7	43	b
	☿⊥♄	3pm	40	
	☽⊻♂	9	25	g
13	☽☍♆	0am	25	B
M	☽⚼♃	6	1	b
	☽P☿	6	11	G
	☽⚼♄	6	45	b
	☉Q♃	6	59	
	☽☍♅	7	42	B
	☉⊻♆	8	33	
	☽△♇	0pm	28	G
	☽☍☿	10	41	B
14	☽P☉	4am	10	G
TU	☽△♃	10	27	G
15	☽☌♂	3	48	B
W	☽P♄	11	17	B
	☽☍☉	0pm	15	B
	☽⚼♀	1	45	b

	♀⚺♃	7	5	
	☽P♇	7	35	D
	☽□♇	7	48	B
16	♀✱♄	3am	32	
TH	☿Stat	5	8	
	☽⚼♆	11	29	b
	☽□♃	5pm	17	B
	☽☍♄	5	55	B
	☽⚼♅	6	24	b
	☽△♀	7	7	G
17	☽⚼☿	7am	41	b
F	☽⚺♂	7	57	g
	☉⚺♅	8	19	
	☽△♆	2pm	3	G
	♀±♂	6	3	
	☽△♅	8	54	G
18	☽✱♇	0am	57	G
S	☽∠♂	9	28	b
	☽△☿	10	17	G
	♀∠♇	0pm	16	
	☽P♇	9	48	D
	☽✱♃	10	16	G
19	☽⚼☉	1am	59	b
SU	☽∠♇	3	1	b
	☽□♀	4	21	B
	☽P♄	4	50	B
	☽✱♂	10	45	G
	☉⊥♆	0pm	3	
	☉□♇	4	28	
	♀P♆	4	42	
	☽□♆	6	15	B
	☽P☉	10	7	G
20	☽∠♃	0am	22	b
M	☽⚼♄	0	59	b
	☽□♅	1	4	B
	☽⚺♇	4	53	g
	☽△☉	5	50	G
	☽□☿	3pm	22	B
	♄∠♅	3	56	
21	☽⚺♃	2am	18	g
TU	☽△♄	2	56	G
	☽✱♀	0pm	30	G
	☽□♂	0	53	B
	♀⊥♃	2	16	
	♀⚻♂	4	3	
	☽P☿	8	5	G
	☽✱♆	9	45	G
22	☽✱♅	4am	34	G
W	☽☌♇	8	11	D
	☿⊥♄	8	46	
	☽□☉	1pm	4	B
	☽∠♀	4	22	b
	☽✱☿	8	37	G
	☽∠♆	11	21	b
23	☽P♂	4am	43	B
TH	☽☌♃	5	49	G
	☽∠♅	6	11	b
	☽□♄	6	29	B
	☽△♂	2pm	40	G
	☉⊥♅	2	57	
	☽⚺♀	8	8	g
	☽∠☿	11	22	b
24	☽⚺♆	0am	52	g
F	☽P♂	6	26	B
	☽⚺♅	7	44	g
	☽⚺♇	11	10	g
	☽⚼♂	3pm	31	b
	☽✱☉	7	55	G
25	☽⚺☿	2am	14	g

S	☽⚺♃	9	8	g
	☽✱♄	9	52	G
	☽∠♇	0pm	39	b
	☽P☿	6	17	G
	☽∠☉	11	23	b
26	☽☌♀	3am	41	G
SU	☽☌♆	3	58	D
	♀☌♆	7	6	
	☽∠♃	10	53	b
	☽☌♅	10	57	B
	☽∠♄	11	40	b
	☽✱♇	2pm	15	G
27	☽⚺☉	3am	3	g
M	♃∠♅	4	13	
	☽☌☿	8	47	G
	☽✱♃	0pm	52	G
	☽⚺♄	1	41	g
	♀P♂	4	23	
	☽☍♂	6	44	B
28	☽⚺♆	7am	51	g
TU	☽P☉	11	52	G
	☽⚺♀	0pm	17	g
	☽P♄	1	17	B
	☽⚺♅	3	6	g
	☿Q♇	4	7	
	☉∠♆	5	24	
	☽P♇	6	19	D
	☽□♇	6	19	B

MARCH

1	☉P♄	5am	33	
W	☽∠♆	10	27	b
	☽☌☉	11	48	D
	☽∠♀	5pm	30	b
	☽⚺☿	5	36	g
	☽∠♅	5	54	b
	☽□♃	6	7	B
	☽☌♄	7	6	B
	♀☌♅	10	18	
2	☿✱♃	0am	57	
TH	♀∠♃	1	7	
	♀∠♄	1pm	37	
	☽✱♆	1	43	G
	☿⚺♄	3	13	
	☽✱♅	9	25	G
	☽∠☿	11	24	b
	☽✱♀	11	38	G
3	☽△♇	0am	37	G
F	☽⚼♂	1	39	b
	♀✱♇	10	32	
	☉P♇	0pm	49	
	☿☍♂	9	10	
	☽P☉	10	6	G
	☽P♇	10	59	D
	☽⚺☉	11	49	g
4	☽△♃	2am	8	G
S	♇Stat	2	32	
	☽⚺♄	3	20	g
	☽P♄	3	30	B
	☽⚼♇	4	55	b
	☽△♂	5	23	G
	☽✱☿	6	22	G
	☽□♆	10pm	37	B
5	☉∠♅	0am	47	
SU	☽□♅	6	51	B
	☉□♃	7	19	
	☽⚼♃	7	22	b
	☽∠☉	7	22	b
	☽∠♄	8	41	b

	☽□♀	3pm	6	B
6	☉☌♄	1am	32	
M	☉⚻♂	8	48	
	☽✱♄	2pm	47	G
	☽□♂	3	8	B
	☽✱☉	3	51	G
	☽P☿	6	32	G
	☽□☿	11	45	B
7	♂⚻♄	2am	48	
TU	☽△♆	10	28	G
	☽△♅	7pm	6	G
	☽☍♇	10	8	B
	☽P♀	10	10	G
8	☽△♀	10am	3	G
W	☽⚼♆	4pm	58	b
9	☽⚼♅	1am	40	b
TH	☽☍♃	2	27	B
	☽✱♂	2	48	G
	☽□♄	4	11	B
	☽□☉	10	14	B
	♂△♃	6pm	24	
	☽△☿	7	46	G
	☽⚼♀	7	50	b
10	☽∠♂	8am	37	b
11	♀⊥♄	2	21	
S	☽⚼☿	5	28	b
	☿⚺♆	5	29	
	☉±♂	8	24	
	☽⚺♂	1pm	59	g
	☽⚼♇	4	36	b
	☽△♄	4	49	G
	☽P♀	10	56	G
12	☽△☉	3am	19	G
SU	☽☍♆	10	49	B
	☿Q♃	2pm	1	
	☽☍♅	7	10	B
	☽⚼♃	8	3	b
	☽△♇	9	35	G
	☽⚼♄	10	5	b
13	☽P☿	6am	49	G
M	☽⚼☉	10	26	b
	♀Q♇	2pm	8	
	☽☍♀	8	44	B
	☽☌♂	10	35	B
14	☽△♃	0am	21	G
TU	☿⚺♅	11	10	
	♀☍♂	3pm	0	
15	☽P♄	3am	34	B
W	☽☍☿	4	40	B
	☽□♇	4	56	B
	☽P♇	5	19	D
	☿□♇	7	8	
	♀✱♃	1pm	54	
	☿⊥♆	3	4	
	☽⚼♆	9	45	b
16	☉✱♆	2am	52	
TH	☽⚺♂	4	1	g
	☽⚼♅	5	28	b
	☽□♃	6	22	B
	☽P☉	8	4	G
	☽☍♄	8	38	B
	♀⚺♄	5pm	49	
	☽△♆	11	51	G
17	☽☍☉	1am	26	B
F	☽P☉	2	2	G
	☽∠♂	5	45	b
	☽△♅	7	26	G
	☽✱♇	9	14	G
	☽⚼♀	0pm	5	b

18	☽P♇	5am	8	D
S	☽P♄	6	7	B
	☽✱♂	7	4	G
	☽✱♃	9	51	G
	☽∠♇	10	38	b
	☽△♀	3pm	46	G
	☿⊥♅	4	21	
	☽⚼☿	7	22	b
19	☽□♆	2am	42	B
SU	☽P☿	5	54	G
	☉⚼♂	10	8	
	☽□♅	10	10	B
	☽∠♃	11	4	b
	☽⚺♇	11	46	g
	☽⚼♄	1pm	39	b
	☽△☿	11	26	G
20	☽P♀	6am	15	G
M	☽□♂	9	2	B
	☽⚼☉	10	50	b
	☽⚺♃	0pm	10	g
	☽△♄	2	53	G
	☉✱♅	5	8	
	☽□♀	10	25	B
21	☽✱♆	4am	52	G
TU	☽✱♅	0pm	22	G
	☽△☉	1	45	G
	☽☌♇	1	49	D
	☉△♇	2	44	
	☿∠♆	4	16	
22	☽∠♆	6am	2	b
W	☽□☿	7	43	B
	☽△♂	11	6	G
	☽∠♅	1pm	37	b
	☽☌♃	2	31	G
	☽□♄	5	35	B
23	♄P♇	1am	17	
TH	☽✱♀	5	24	G
	☽⚺♆	7	23	g
	☽⚼♂	0pm	25	b
	☿⚻♂	1	24	
	☽⚺♅	3	3	g
	☽⚺♇	4	22	g
	☽□☉	8	10	B
24	♀⚺♆	5am	13	
F	☽∠♀	9	19	b
	☿∠♅	0pm	44	
	♂Stat	5	18	
	☽✱☿	5	18	G
	☽⚺♃	5	41	g
	☽∠♇	6	1	b
	☿□♃	8	34	
	☽✱♄	9	9	G
25	☽☌♆	10am	53	D
S	☽⚺♀	1pm	39	g
	☽☌♅	6	48	B
	☽∠♃	7	42	b
	☽✱♇	7	59	G
	☽∠☿	10	50	b
	♀Q♃	11	19	
	☽∠♄	11	24	b
26	☿☌♄	3am	51	
SU	☽✱☉	3	57	G
	☽P♀	1pm	6	G
	☿P♇	5	31	
	☽☍♂	6	19	B
	☽✱♃	10	6	G
	☿P♄	10	50	
27	☽⚺♄	2am	4	g
M	☿±♂	4	44	

	☽⚺☿	5	0	g
	☽∠☉	8	33	b
	☽⚺♆	3pm	49	g
	☽☌♀	11	49	G
28	☽⚺♅	0am	4	g
TU	☽□♇	1	6	B
	☽P♇	2	4	D
	♀⚺♅	2	35	
	☽P♄	3	10	B
	☽P☿	8	20	G
	☉Q♆	10	52	
	☽⚺☉	1pm	43	g
	♀□♇	1	55	
	☽∠♆	6	59	b
	☽P☉	10	31	G
29	☽∠♅	3am	24	b
W	☽□♃	4	15	B
	♀⊥♆	7	26	
	☽☌♄	8	48	B
	☽☌☿	7pm	43	G
	☽✱♆	10	40	G
30	☽⚼♂	4am	19	b
TH	☽✱♅	7	19	G
	☽△♇	8	12	G
	☽P☉	0pm	34	G
	☽⚺♀	0	38	g
	☽P☿	2	14	G
	☿✱♆	5	27	
	☉P☿	7	48	
31	☽☌☉	2am	9	D
F	☽P♄	4	18	B
	☽P♇	6	8	D
	☽△♂	8	52	G
	☽△♃	0pm	37	G
	☽⚼♇	0	38	b
	☽⚺♄	5	52	g
	☽∠♀	8	15	b

APRIL

1	☽P♀	6am	35	G
S	☽□♆	7	54	B
	♃Stat	0pm	3	
	☿⚼♂	0	6	
	☽⚺☿	2	26	g
	☽□♅	4	59	B
	☽⚼♃	5	44	b
	☽∠♄	11	22	b
2	☽✱♀	4am	43	G
SU	☉Q♅	5	36	
	♀⊥♅	5	47	
	☉⊥♀	6	37	
	☿✱♅	7	47	
	☿△♇	0pm	14	
	☽⚺☉	5	43	g
	☽□♂	7	58	B
3	☽∠☿	1am	25	b
M	☽✱♄	5	28	G
	☽△♆	7pm	31	G
4	☉△♂	0am	36	
TU	☽∠☉	2	31	b
	☽△♅	4	58	G
	☽☍♇	5	30	B
	☽✱☿	1pm	16	G
	☽□♀	11	42	B
5	☽⚼♆	1am	55	b
W	☽✱♂	9	7	G
	☽⚼♅	11	27	b
	☽✱☉	11	42	G
	☽☍♃	11	58	B

	☉⚼♇	1pm	47	
	☉△♃	2	50	
	☽□♄	6	45	B
	☉P♄	8	8	
	♀∠♆	9	43	
6 TH	☿Q♆	6am	8	
	☽∠♂	3pm	55	b
7 F	☉P♇	3am	33	
	☽□☿	1pm	45	B
	☽△♀	7	10	G
	☽⊻♂	10	26	g
8 S	☽⚼♇	0am	18	b
	☽□☉	5	35	B
	☽△♄	7	40	G
	☿Q♅	4pm	32	
	☽☍♆	8	23	B
	☉P♀	11	14	
9 SU	☽⚼♀	3am	58	b
	☽☍♅	5	38	B
	☽△♇	5	44	G
	☽⚼♃	5	49	b
	♀▽♂	8	29	
	☉⊻♄	10	23	
	☽⚼♄	1pm	14	b
	♀∠♅	9	20	
	☿△♂	10	23	
	♀□♃	10	41	
10 M	☿⚼♇	5am	9	
	☿△♃	5	34	
	☽☌♂	9	27	B
	☽△♃	10	25	G
	☽△☿	11	20	G
	♀P♇	2pm	41	
	☿⊻♀	3	54	
	♅✱♇	4	9	
	☽△☉	8	11	G
11 TU	☽P☉	6am	31	G
	♃∠♅	7	22	
	☿P♄	11	16	
	☽□♇	2pm	1	B
	☽P♇	3	50	D
	☿P♀	5	12	
	☽P☿	6	19	G
	☽P♀	6	43	G
	☽P♄	7	55	B
	☽⚼☿	8	1	b
12 W	☽⚼☉	1am	43	b
	☿P♇	5	37	
	☿⊻♄	6	35	
	♀P♄	7	19	
	☽⚼♆	8	27	b
	☽⊻♂	4pm	45	g
	☽□♃	4	45	B
	☽⚼♅	4	53	b
	♂△♃	5	5	
	☽☍♀	11	15	B
13 TH	☽☍♄	0am	17	B
	☽△♆	10	38	G
	♀☌♄	0pm	14	
	☽✱♇	6	36	G
	☽△♅	6	49	G
	☽∠♂	7	2	b
14 F	☽P♀	5am	39	G
	☽P♄	9	41	B
	☉☌☿	0pm	49	
	☿±♇	1	10	
	☉±♇	1	34	
	☽P♇	1	53	D
	☽✱♃	7	43	G

	☽∠♇	7	46	b
	☽✱♂	8	36	G
15 S	☽P☿	4am	42	G
	☿□♆	4	46	
	☽P☉	6	30	G
	☿⊥♄	7	38	
	♀±♂	7	47	
	☽•☉	0pm	8	B
	☽□♆	0	52	B
	☽☍☿	2	13	B
	☉P☿	5	22	
	☽∠♃	8	19	b
	☽⊻♇	8	24	g
	☽□♅	8	44	B
	☉□♆	11	7	
16 SU	☽⚼♄	4am	7	b
	☉⊥♄	7	48	
	☽⚼♀	9	17	b
	☽⊻♃	8pm	37	g
	☽□♂	10	23	B
17 M	☽△♄	4am	36	G
	☿⚼♃	7	51	
	☿▽♇	8	51	
	☽△♀	11	43	G
	☿□♅	11	46	
	☿⊥♀	0pm	7	
	☽✱♆	1	36	G
	☽☌♇	8	58	D
	☽✱♅	9	25	G
18 TU	☽P♂	1am	12	B
	♀✱♆	11	5	
	☽∠♆	1pm	56	b
	☽⚼☉	6	23	b
	☽☌♃	9	6	G
	☽∠♅	9	49	b
	☽△♂	11	53	G
19 W	☽⚼☿	3am	32	b
	☽□♄	5	42	B
	☽⊻♆	2pm	30	g
	☽□♀	4	58	B
	☿∠♄	7	13	
	☽△☉	8	46	G
	☽⊻♇	9	56	g
	☽⊻♅	10	31	g
20 TH	☽⚼♂	1am	2	b
	☽△☿	8	33	G
	☉⚼♃	9	16	
	☉▽♇	1pm	39	
	☽P♂	6	24	B
	☽⊻♃	10	39	g
	☉□♅	10	54	
	☽∠♇	10	59	b
21 F	☽✱♄	8am	8	G
	☿±♃	11	32	
	☽☌♆	4pm	57	D
	☽P☿	10	22	G
22 S	☽∠♃	0am	11	b
	☽✱♀	0	18	G
	☽✱♇	0	36	G
	☽☌♅	1	19	B
	☽□☉	3	18	B
	♀△♇	3	38	
	☽∠♄	10	12	b
	♀✱♅	0pm	11	
	☽P☉	8	47	G
	☽□☿	9	1	B
23 SU	☽✱♃	2am	19	G
	☽∠♀	5	8	b
	☽☍♂	7	52	B

	☽⊻♄	0pm	55	g
	☽⊻♆	9	46	g
24 M	☽□♇	5am	42	B
	☽⊻♅	6	37	g
	☿▽♃	7	8	
	☽P♇	8	30	D
	☽⊻♀	10	52	g
	☽✱☉	0pm	55	G
	☽P♄	2	59	B
	☿P♂	7	15	
	♀⚼♂	8	21	
25 TU	☽∠♆	1am	11	b
	☽□♃	8	32	B
	☽∠♅	10	15	b
	☽✱☿	1pm	24	G
	☽∠☉	6	59	b
	☽P♀	7	50	G
	☽☌♄	8	23	B
	☽P♀	11	33	G
26 W	☽✱♆	5am	14	G
	☿□♂	8	26	
	☽△♇	1pm	26	G
	☽✱♅	2	32	G
	☉∠♄	3	19	
	☽⚼♂	9	1	b
	☽∠☿	10	58	b
27 TH	☽☌♀	0am	55	G
	☽⊻☉	1	50	g
	☽P♄	4	6	B
	☽P♇	11	20	D
	☿✱♄	1pm	30	
	☽△♃	5	14	G
	☽⚼♇	6	12	b
	♆Stat	10	13	
28 F	☽△♂	2am	45	G
	☽⊻♄	6	23	g
	☿∠♀	6	54	
	☽⊻☿	9	17	g
	♀Q♆	10	9	
	☽□♆	3pm	7	B
	☉⊻♀	9	50	
	☽⚼♃	10	23	b
29 S	☉±♃	0am	14	
	☽□♅	0	47	B
	☿P♆	3	36	
	☿P♅	7	14	
	☽∠♄	0pm	10	b
	☽•●	5	36	D
	☽⊻♀	6	2	g
	☽P☉	8	29	G
30 SU	☿△♆	0am	32	
	☽□♂	3pm	51	B
	☽✱♄	6	24	G
	☽P♂	7	23	B
	MAY			
1 M	☽△♆	2am	54	G
	☽∠♀	3	29	b
	☿P♃	7	1	
	☽☌☿	7	25	G
	☽☍♇	11	22	B
	☽△♅	0pm	50	G
2 TU	☽⚼♆	9am	15	b
	☿☍♇	11	11	
	☽⊻☉	11	23	g
	♀Q♅	11	50	
	☽✱♀	1pm	18	G
	☽☍♃	4	6	B
	☽⚼♅	7	15	b

	☿△♅	10	19	
3 W	☽✱♂	6am	23	G
	☽□♄	7	38	B
	♀△♃	2pm	56	
	☽∠☉	8	34	b
4 TH	☽⊻☿	5am	52	g
	♀⚼♇	7	31	
	☽∠♂	1pm	44	b
	☉▽♃	4	15	
5 F	☿Q♄	1am	6	
	☽✱☉	5	35	G
	☽⚼♇	6	20	b
	♅Stat	7	43	
	☉P♂	8	29	
	☽□♀	8	57	B
	♂▽♄	1pm	50	
	☽∠☿	4	20	b
	☽△♄	8	38	G
	☽⊻♂	8	48	g
	♀P♄	10	36	
	☽P☉	11	37	G
6 S	☽P♂	2am	42	B
	☽☍♆	4	4	B
	☽⚼♃	10	5	b
	☽△♇	0pm	9	G
	☽☍♅	1	51	B
7 SU	☽✱☿	1am	48	G
	☽⚼♄	2	28	b
	☽△♃	3pm	10	G
	☽□☉	9	44	B
8 M	☽△♀	2am	17	G
	☽☌♂	9	3	B
	☽P♇	9pm	43	B
9 TU	♀P♇	1am	7	
	☽P♀	1	49	G
	☽P♇	1	54	D
	☽⚼♀	9	19	b
	☽P♄	10	48	B
	☽□☿	4pm	37	B
	☽⚼♆	5	54	b
	☽□♃	10	48	B
10 W	☽⚼♅	2am	51	b
	☿⚼♆	7	35	
	☽△☉	9	40	G
	♀⊻♄	0pm	54	
	☽☍♄	2	52	B
	☽⊻♂	5	30	g
	☽△♆	8	40	G
11 TH	☽✱♇	3am	37	G
	☽△♅	5	18	G
	☽⚼☉	1pm	50	b
	♀±♇	2	9	
	☽P♄	2	58	B
	☽∠♂	8	11	b
	☿Q♂	9	47	
	☽P♇	11	23	D
12 F	☽△☿	1am	35	G
	☽✱♃	2	41	G
	☽∠♇	5	11	b
	♀△♂	6	44	
	☽P♀	7	27	G
	☿☍♃	4pm	37	
	☽✱♂	9	59	G
	☽☍♀	10	55	B
	☽□♆	11	30	B
13 S	☽∠♃	3am	24	b
	☽⚼☿	4	12	b
	☽⊻♇	5	58	g
	♀□♆	5	58	

	☽□♅	7	37	B
	☉✱♄	4pm	51	
	☽⚼♄	7	1	b
14 SU	☽P♂	1am	59	B
	☽⊻♃	3	31	g
	☽△♄	7pm	9	G
	☽☍☉	8	48	B
	☽□♂	11	41	B
	☽✱♆	11	48	G
15 M	♀⚼♃	0am	55	
	♂▽♆	3	40	
	☽☌♇	5	59	D
	☽✱♅	7	40	G
	☿⚼♅	7pm	27	
	♀⊥♄	8	21	
	☽P☉	8	49	G
	☽∠♆	11	32	b
16 TU	☽☌♃	2am	49	G
	☽⚼♀	5	16	b
	☽∠♅	7	23	b
	☽☍☿	7	57	B
	♀▽♇	10	24	
	☽□♄	6pm	57	B
	☉△♆	7	17	
	☽⊻♆	11	20	g
17 W	☽△♂	0am	35	G
	☽P☉	4	40	G
	☽⊻♇	5	31	g
	☽△♀	7	14	G
	☽⊻♅	7	16	g
	♀□♅	7	35	
18 TH	☽⚼☉	1	24	b
	☽⚼♂	1	25	b
	☉□♂	1	57	
	☽⊻♃	2	26	g
	☽∠♇	5	41	b
	☿∠♀	4pm	20	
	☽✱♄	7	46	G
19 F	☽☌♆	0am	1	D
	☽∠♃	2	56	b
	☽△☉	3	51	G
	☽✱♇	6	26	G
	☽☌♅	8	19	B
	☽⚼☿	11	43	b
	☽□♀	0pm	53	B
	☽P♂	4	9	B
	☽∠♄	9	5	b
20 S	☽✱♃	4am	8	G
	☽P♀	9	10	G
	☽△☿	2pm	5	G
	☉☍♇	5	18	
	☽⊻♄	11	15	g
21 SU	☽⊻♆	3am	29	g
	☽☍♂	8	14	B
	☽□♇	10	15	B
	☽□☉	11	36	B
	☽⊻♅	0pm	19	g
	☽P♇	3	26	D
	♀±♃	7	17	
	☉△♅	9	37	
	☽✱♀	10	32	G
22 M	☽P♄	1am	46	B
	☽∠♆	6	31	b
	☽□♃	9	4	B
	☽∠♅	3pm	40	b
	☽□☿	9	6	B
23 TU	☽∠♀	5am	8	b
	☽☌♄	6	17	B
	☉P♆	8	48	

A COMPLETE ASPECTARIAN FOR 1995

Date	Aspect	Time		Date	Aspect	Time		Date	Aspect	Time		Date	Aspect	Time		Date	Aspect	Time	
	☽✶Ψ	10 26	G		☽∠☿	8 9	b		☽⊼♄	2pm 52	g		☽□♅	10 48	B	4	☽♂♂	1am 34	B
	☽△♄	5pm 35	G		☿P♅	10 58			☽⊼♅	4 53	g		☽✱⊙	0pm 53	G	TU	☿P Ψ	2 12	
	♀∠♄	5 56		3	☽⊼♂	3am 6	g	14	☽⊼♃	7am 7	g		♀□♅	3 54			☽□♀	2 17	B
	♂□♄	6 12	G	S	☿P Ψ	7 11		W	☽△♂	8 3	G	23	☽∠♄	6am 48	b		☿P♃	8 8	
	☽✶♅	7 51	G		☿□♅	9 32			☽∠♄	2pm 30	b	F	☽⊼☿	10 6	g		☽△Ψ	9 48	G
	⊙P♅	9 23			☽□♄	0pm 49	b		☽P♀	5 0	G		☽△♂	4pm 25	G		☽♂♄	10 15	B
	☽✱⊙	11 45	G		☽△♃	3 31	G	15	☽□♀	1am 16	b		☽⊼♀	7 40	g		♀▽♅	2pm 19	
24	☽P♄	5am 2	B		☽✱⊙	8 32	G	TH	☿□♃	4 55			☽∠⊙	9 35	b		☽✶♀	4 30	G
W	☿Stat	9 2			♃∠Ψ	11 2			☿□♂	5 49			☽□♄	11 24			☽△♅	6 23	G
	♀P♂	11 8		4	☽✱☿	0am 26	G		♂□♀	6 2		24	☽✶♄	1 9	G		☽□♀	6 49	B
	☽⊼☉	0pm 51	g	SU	☽P♂	3 37	B		☽∠♃	6 50	b	S	☽△Ψ	1 23	G		♀P♅	7 49	
	☽P℞	4 14	D		☽□♀	3pm 44	B		☽✱♄	7 47	G		☽△♃	8 39	B	5	☽P♄	4am 22	B
	☽△♃	5 22	G	5	☽□℞	3am 30	B		☽□♄	8 42	b		☽△♅	11 3	G	W	⊙±♃	5 9	
	☽□℞	10 27	b	M	⊙♂☿	5 38			☽♂Ψ	8 43	D	25	⊙Q♂	5am 50			☽P♂	5 53	B
	☽□♂	11 35	b		☽P℞	10 32	D		☽□♂	8 49	B	SU	☽⊼⊙	6 40	g		☽□⊙	8 10	G
25	☽✱☿	6am 43			☽♂♂	3pm 33	B		⊙±♅	9 17			☽P♀	7 35	G		⊙Q℞	2pm 43	
TH	☽∠⊙	7 19	b		♀✶♄	5 28			☽✱℞	2pm 30	G		☽♂♃	3pm 23	B		☽P℞	5 8	D
	☽⊼♄	4pm 35	g		☽P♄	10 44	B		☽♂♅	4 34	B		☽∠℞	7 39	b
	☽□Ψ	8 32	B	6	☽□♃	0am 31	B		♀Q♄	10 37		26	♀±Ψ	1am 2			☽□⊙	8 2	B
	☽□♃	10 31	b	TU	☽□Ψ	0 56	b		⊙□♄	11 56		M	☽⚹☿	2 1	G	6	♀±♅	3am 23	
26	☿Q♂	4am 41			⊙□♅	5 30		16	☽△♀	3am 46	G		☽□♅	5 27	b	TH	♄Stat	7 44	
F	☽△♂	6 18	G		☽□☿	7 12	B	F	☽✱♃	7 5	G		☽□⊙	8 12	B		♂P♄	8 54	
	☽□♅	6 22	B		☽□♅	10 3	b		♀P Ψ	7 49			⊙±℞	8 41			☽⊼♂	10 19	g
	♀▽♃	6 58			☽□⊙	10 26	B		☽∠♄	8 19	b		☽♂♀	3pm 35	G		☽∠♃	10 45	b
	♂▽♅	7 51			♀△Ψ	4pm 33			☽Q♀	8 53	b		♂P℞	4 20			☽♂♀	2pm 27	G
	☽P♂	11 36	B	7	☽♂♄	2am 30	B		☽△♀	9 1	G	27	☽□♄	2am 10	B		☽□Ψ	3 40	B
	☽∠⊙	0pm 8	b	W	☽△Ψ	4 29	G		⊙▽Ψ	1pm 25		TU	☽∠⊙	4 29			☽⊼℞	10 1	g
	☽⊼⊙	3 36	g		☽△♀	5 42	G		♀P♅	11 22			♄✶Ψ	9 38			☽□♅	11 43	B
	☽P♀	10 33	G		♂±♅	10 46		17	☿Stat	6am 59			♃P♅	1pm 52		7	☿▽♃	2am 9	
	☽∠♄	10 36	b		☽✱℞	10 58	G	S	☽⊼♄	9 38	g	28	☽♂☿	0am 50	D	F	☽△♀	5 25	G
	☿⊥♀	10 59			☽△♅	1pm 17	G		☽⊼Ψ	10 27	g	W	☿□♅	5 45			☽□♄	7 27	
27	⊙Q♄	4am 24			☽P♄	9 14	B		☽△⊙	0pm 1	G		☿Q♃	8 27			☽⊼♃	0pm 34	g
S	☽⚫♀	6 47	G	8	☽⊼♂	0am 27	g		☽P♂	0 36	B		☽♂℞	3pm 38	G		☽∠♂	1 21	b
	☽⊼⊙	5pm 44	g	TH	☽✱♃	6 18	G		♀♂♃	4 8			☽⊼♀	6 52	g		☽□♄	5 59	b
	⊙P♃	5 55			☽P℞	8 41	D		☽□℞	4 36	B		☽✱⊙	11 40	G		☽Q♀	7 11	b
28	☽✱♄	4am 58	G		☽Q♀	10 53	b		☽⊼♅	6 47	g	29	☽P♃	9am 38	B	8	☽△♀	3am 44	G
SU	☽∠♀	8 37	G		☽△⊙	11 1	G		☽P♃	10 4		TH	☽⊼♀	10 53	g	S	☽□♀	9 10	b
	♂±Ψ	0pm 53			☽∠℞	1pm 22		18	☽P♄	0am 2	B		⊙▽♃	11 1			♀±♃	2pm 32	
	☽♂♀	4 6	B		☽△⊙	8 0	G	SU	☽□♄	2 2	B		☽♂Ψ	2pm 22	G		☽✶♂	3 32	G
	☽△♅	6 38	G	9	☽♂♂	3am 22	B		☽□♀	11 59	B		☽△♄	2 32	G		☽✱Ψ	6 25	G
	☽□♀	9 5	B	F	♀P♂	5 58	B		☽P♄	0pm 13	B		♀±♃	7 58			☽△♄	7 11	G
29	☽♂♂	9am 27			☽∠♃	7 51	b		☽□♂	0 36	B		☽△℞	9 31	G	9	☽P℞	0am 28	D
M	☽Q♃	2pm 59	b		☿P♀	8 42			☽∠♅	0 40	b		☽♂♄	11 43	B	SU	☽✱♅	1 59	G
	☽♂♃	4 10	B		☽P♅	8 49	B		☽✱♂	3 57	B	30	☽∠♀	3am 12	b		♃P Ψ	2 9	
30	☽Q♅	1am 1	b		☽Q♀	11 47	b		♀Q♄	7 20		F	☽♂⊙	6 55	b		☽□⊙	6 14	B
TU	☽⊼♀	2 26	g		♀♂℞	2pm 28			☿♂♀	7 30			☽△♃	3pm 8	G		☿▽℞	0pm 5	
	☽♂♀	4 55	G		☽⊼℞	2 52	g		☿♂♀	9 19	b		☽⊼♀	5 45	g		☽✱♅	6 48	B
	⊙P♀	4pm 10			☽□♅	5 2	B		☽♂♄	9 7			☽∠♀	7 53	b		☽✱♅	1am 37	B
	☿⊼♅	6 8	B		☽□⊙	11 7	b	19	☽♂♄	3 15	B		☽□♄	8 13	b	10	☽∠♃	2 11	b
	☿⊼♀	9 6		10	☽✱⊙	5am 22	G	M	☽✶Ψ	3 55			♀▽♅	8 34		M	⊙P♀	5 3	
31	☽Q♀	0 20	b	S	☽Q♄	8 16	b		☽△⊙	10 1			♀Q♄	11 8			♀▽♃	11 6	
W	☽✱⊙	0 27	G		☽⊙±♅	8 36	g	20	☽△℞	10 33			JULY				☽□♂	5pm 56	B
	JUNE				♀△♅	3pm 29		TU	⊙▽℞	5 10		1	☽✶♂	11am 19	G		☽⊼Ψ	6 44	g
1	☽⊼♀	3am 37		11	☽P♄	8am 38	G		☽P♄	9 37	B	S	☽⊼⊙	1pm 43	g		☽□♄	7 23	B
TH	⊙P Ψ	4 39		SU	☽✱Ψ	9 57			☽△♃	4pm 58	G		⊙P♀	6 27		11	☽⊼♀	0am 37	g
	☿P♃	6 30			☽♂℞	3pm 40	D		☽∠♃	9 4		2	☽∠⊙	1am 27	b	TU	☽⊼♅	2 1	
	☽Q℞	11 5			☽✱♅	5 43	G		☽P℞	10 49		SU	☽♂♅	4 18	G		☽♂♄	5 3	B
	⊙♂♃	11 22			☽P♀	8 2	G	21	☽✱♀	1am 34	G		☽□℞	8 5	B		♂Q♃	0pm 32	
	☽⊼♀	3pm 24	g		☽△♀	8 4	B	W	☽□♄	3 5	b		☿±♅	11 39			☽♂♃	1 39	G
	☽∠♂	7 57	b	12	☽□☿	7am 14	B		☽✱♃	9 42	b		☽P♀	5pm 27	D		♂△Ψ	2 13	
	☽✱⊙	10 1	G	M	☽♂♃	8 19	G		☽P♂	6 20	B	3	☽♂♂	0am 49	B		☽♂♂	9 6	B
2	☽P♀	6am 15	G		☽∠♀	9 42	b		⊙▽♅	11 22		M	☽P♂	2 22	B	12	☽∠℞	0am 20	b
F	☽△♄	6 56	G		☽♂♂	0 41	B		☽□♃	9 49	b		☽□Ψ	5 46	b	W	♂⚫♄	7 20	G
	☽Q♀	9 47	B		☽♂♂	5pm 22	b	22	☽□Ψ	0am 52	b		☽P♄	6 56	B		☽∠♃	10 49	B
	☽⊼♃	10 7	b	13	☽♂♂	4am 3	B	TH	☽∠Ψ	3 6	b		☽✱⊙	8 29	G		☽∠♃	1pm 19	b
	☽□℞	0pm 21	D	TU	☽□♄	8 9			☿□♅	9 0	b		⊙♂♃	11 17			☽✶♄	6 13	G
	☽△♀	5 2	G		☽⊼Ψ	9 15	g		☽∠♀	10 13			☽✱♃	6 25			☽✱♄	6 54	G
	☽♂♅	7 35	B		♂□♃	9 24											☽△♂	7 22	G

13	☽✱♇	0am	9	G
TH	☿±♇	1	1	
	☽☌♅	1	29	B
	☽✱♃	1pm	14	G
	☽∠♄	7	0	b
	☽⚼♂	8	29	b
14	☉⚼♃	0am	7	
F	☿⚻♃	4	53	
	☽⚼☿	3pm	1	b
	☽⚺♆	6	55	g
	☽⚺♄	7	41	g
	☽⚼♀	11	20	b
15	☽□♇	1am	12	B
S	☽⚺♅	2	31	g
	♀±♃	2	58	
	☽P♇	9	55	D
	☿P♀	2pm	3	
	☽□♃	2	54	B
	☽⚼☉	5	54	b
	☽∠♆	8	22	b
	☽△☿	8	22	G
	♀⚼♇	8	50	
	☽P♄	9	59	B
16	☽△♀	3am	31	G
SU	☽∠♅	4	14	b
	☽P♂	11	23	B
	☽△☉	10pm	20	G
	☽✱♆	10	48	G
	☽☌♄	11	41	B
17	☽P♂	3am	53	B
M	☉☍♆	4	43	
	☽☍♂	4	55	B
	☽△♇	5	39	G
	☿±♃	6	8	
	☽✱♅	6	57	G
	☉△♄	4pm	50	
	☿⚼♇	6	15	
	☽P♄	6	57	B
	☽△♃	8	17	G
	♂✱♇	9	8	
18	☽P♇	8am	1	D
TU	☽⚼♇	9	27	b
	☽□☿	0pm	20	B
	☽□♀	4	2	B
	♀Q♂	4	4	
	☉P♅	8	17	
19	♂△♅	0am	17	
W	☽⚼♃	0	34	b
	☽□♆	6	51	B
	☽⚺♄	7	50	g
	☽□☉	11	10	B
	☽□♅	3pm	33	B
	☿Q♂	6	52	
20	☉P♆	5am	7	
TH	☽∠♄	1pm	17	b
	☿☌♀	3	19	
	☉P♃	9	25	
	☽⚼♂	11	38	b
21	☉△♇	2am	56	
F	☽✱♀	9	41	G
	☽✱☿	11	17	G
	☿⚼♃	1pm	33	
	☉☍♅	5	41	
	☽△♆	6	19	G
	☽✱♄	7	21	G
22	☽☍♇	2am	8	B
S	☽△♅	3	18	G
	☽✱☉	4	11	G
	♀⚼♃	4	41	

	☽△♂	7	29	G
	☽☍♃	5pm	59	B
	☽∠♀	7	35	b
23	☽∠☿	0am	16	b
SU	☽⚼♆	0	41	b
	☿☍♆	2	31	
	☿△♄	8	17	
	☽⚼♅	9	40	b
	☽∠☉	1pm	20	b
24	☽⚺♀	5am	35	g
M	☽□♄	8	7	B
	☽⚺☿	1pm	22	g
	♀☍♆	7	39	
	☿△♇	10	18	
	☽⚺☉	10	23	g
	☽□♂	11	33	B
25	☿☍♅	3am	45	
TU	☿P♀	4	17	
	♀△♄	5	26	
	☽⚼♇	9pm	8	b
26	☉✱♂	11am	9	
W	☽⚼♃	0pm	33	b
	☽☍♆	7	5	B
	☽△♄	8	5	G
27	☽☌♀	0am	33	G
TH	☽△♇	2	54	G
	☽☍♅	3	43	B
	☿P♅	7	20	
	☽☌☿	1pm	59	G
	☽✱♂	2	21	G
	☽☌☉	3	13	D
	☿✱♂	4	54	
	☽△♃	6	4	G
	☿P♆	10	42	
	♀△♇	11	40	
28	☽⚼♄	1am	27	b
F	☉☌☿	2	9	
	♀☍♅	7	5	
	☿P♃	7	54	
	☿△♃	1pm	39	
	☽∠♂	9	0	b
29	♀P♅	2am	35	
S	☉△♃	3	12	
	☽□♇	1pm	5	B
	☽⚺♀	5	10	g
	☽P♇	11	6	D
30	☽⚺♂	3am	6	g
SU	☽□♃	3	44	B
	☽⚺☉	5	46	g
	♀P♆	8	0	
	☿⚼♄	8	24	
	☽⚼♆	9	54	b
	☽⚺☿	11	15	g
	☽P♄	11	42	B
	♂✱♃	4pm	15	
	☽⚼♅	6	3	b
31	☽∠♀	0am	31	b
M	☽P♂	0	58	B
	♀P♃	2	8	
	☽∠☉	0pm	9	b
	☽△♆	1	54	G
	☽☍♄	2	44	B
	☽∠☿	8	33	b
	☽✱♇	9	24	G
	☽△♅	9	52	G

AUGUST

1	☽P♂	1am	14	B
TU	☽✱♀	7	12	G
	☽✱♃	11	32	G
	☽P♄	0pm	57	B
	☽☌♂	1	39	B
	☽✱☉	5	53	G
	☉⚼♄	9	53	
2	☽∠♇	0am	48	b
W	☽P♇	0	56	D
	☽✱☿	4	54	G
	☉P☿	1pm	3	
	☽∠♃	2	39	b
	♃Stat	4	45	
	☽□♆	8	21	B
3	☽⚺♇	3am	38	g
TH	☽□♅	3	57	B
	♀△♃	5	18	
	☿±♄	5pm	8	
	☽⚺♃	5	12	g
	☽□♀	6	23	B
	☽⚺♂	9	43	g
	☽⚼♄	11	25	b
4	☽□☉	3am	16	B
F	☽□☿	6pm	32	B
	☽P☿	8	48	G
5	☽✱♆	0am	30	G
S	☽∠♂	0	44	b
	☽△♄	1	8	G
	☽P☉	4	38	G
	☽☌♇	7	33	D
	☽✱♅	7	43	G
	☽☌♃	8pm	33	G
6	♀⚼♄	0am	41	
SU	☽∠♆	1	43	b
	☽△♀	2	27	G
	☽✱♂	3	7	G
	☽P♀	8	13	G
	☽∠♅	8	45	b
	☽△☉	9	45	G
	☿⚻♆	1pm	42	
	♀✱♂	5	11	
	☿⚻♄	5	53	
7	☽⚺♆	2am	26	g
M	☽□♄	2	58	B
	☽△☿	4	21	G
	☽⚼♀	5	28	b
	☽⚺♇	9	18	g
	☽⚺♅	9	21	g
	☿∠♂	10	56	
	☽⚼☉	0pm	6	b
	☽⚺♃	9	55	g
8	♅✱♇	0am	57	
TU	☽P♀	5	22	G
	☽□♂	6	23	B
	☽⚼☿	8	16	b
	☽∠♇	9	40	b
	♇Stat	1pm	24	
	☿⚻♅	7	7	
	☿□♇	7	29	
	☽∠♃	10	14	b
9	☽☌♆	3am	2	D
W	☽✱♄	3	29	G
	☽P☉	7	25	G
	☽☌♅	9	50	B
	☽✱♇	9	55	G
	☿±♆	6pm	13	
	☽✱♃	10	34	G
	♂P♄	11	29	
10	☽∠♄	3am	44	b
TH	☽P☿	8	19	G
	☽△♂	9	10	G

	☽☍♀	1pm	12	B
	☽☍☉	6	16	B
	☉±♄	8	36	
11	☽⚺♆	3am	57	g
F	☽⚺♄	4	18	g
	☽⚺♅	10	54	g
	☽⚼♂	11	3	b
	☽□♇	11	7	B
	♂∠♇	0pm	38	
	☽P♇	7	35	D
	☽☍☿	8	17	B
12	☽□♃	0am	19	B
S	☿±♅	1	34	
	☽P♂	3	21	B
	☽∠♆	5	7	b
	☽P♄	6	0	B
	☽∠♅	0pm	15	b
13	♀±♄	0am	35	
SU	☿□♃	5	35	
	☽✱♆	7	4	G
	☽☌♄	7	19	B
	☽✱♅	2pm	25	G
	☽△♇	2	47	G
14	☽⚼♀	1am	44	b
M	☽△♃	5	1	G
	☽⚼☉	5	28	b
	☽P♄	8	10	B
	☽P♂	2pm	20	B
	☽⚼♇	6	1	b
	☽P♇	7	17	D
	☿⚼♆	7	55	
	☽☍♂	9	55	B
15	☿⊥♂	6am	17	
TU	☽△♀	8	19	G
	☽⚼♃	8	51	b
	☽P☿	9	48	G
	☽△☉	11	30	G
	☽□♆	1pm	50	B
	☽⚺♄	1	57	g
	☽⚼☿	4	37	b
	☽□♅	9	41	B
16	☉⚻♆	5	36	
W	☉⚻♄	6	9	
	☽∠♄	6	43	b
	☽P☉	8	19	G
17	☽△☿	2am	8	G
TH	☿⚼♅	6	38	
	♄✱♆	8	5	
	☽P♀	8	33	G
	♀⚻♄	3pm	45	
	♀⚻♆	4	0	
18	☽✱♄	0am	16	G
F	☽△♆	0	19	G
	♂P♇	0	19	
	☽□♀	1	18	B
	☽□☉	3	4	B
	☽△♅	8	31	G
	☽☍♇	9	19	B
	☿P♂	10	28	
	☿P♇	1pm	50	
	☽⚼♂	6	26	b
19	☽☍♃	1am	39	B
S	☽⚼♆	6	29	b
	☿Q♇	9	4	
	☽⚼♅	2pm	44	b
	☽□☿	11	40	B
20	☽△♂	2am	31	G
SU	☽□♄	0pm	34	B
	☉⚻♅	8	51	

	☽✱♀	9	0	G
	☽✱☉	9	5	G
	♀⚻♅	9	32	
21	☉☌♀	0am	4	
M	☿P♄	0	6	
	♀□♇	7	15	
	☉□♇	9	18	
	☿⚺♂	10	58	
22	☽⚼♇	4	16	b
TU	☽∠☉	5	55	b
	☽∠♀	6	40	b
	♀±♆	10	23	
	☽□♂	6pm	18	B
	☉±♆	7	58	
	☽⚼♃	8	45	b
	☽✱☿	8	52	G
23	☽△♄	0am	26	G
W	☽☍♆	0	55	B
	☽☍♅	8	52	B
	☽△♇	10	3	G
	☽⚺☉	2pm	11	g
	☽⚺♀	3	44	g
24	☿☍♄	0am	59	
TH	☽△♃	2	21	G
	☽⚼♄	5	40	b
	☿△♆	5	43	
	☽∠☿	6	19	b
	☽P♀	4pm	51	G
	♂∠♃	9	30	
	☿Q♃	11	10	
25	☽P☉	0am	19	G
F	☽✱♂	7	51	G
	☽⚺☿	2pm	48	g
	♀±♅	2	55	
	☽P♂	4	49	B
	☽□♇	7	53	B
	♂⊥♇	8	52	
26	☽P♇	4am	29	D
S	☽☌☉	4	31	D
	☽☌♀	7	28	G
	☽□♃	11	48	B
	☽∠♂	1pm	36	b
	☽P♄	2	32	B
	☽⚼♆	3	9	b
	☉±♅	9	30	
	☽⚼♅	10	34	b
27	☿△♅	0am	13	
SU	♂⚻♄	3	29	
	☿✱♇	1pm	11	
	☽☍♄	5	55	B
	☽P☿	6	38	G
	☽⚺♂	6	44	g
	☽△♆	6	47	G
	☽P☿	7	25	G
	♂□♆	7	35	
28	☽△♅	2am	3	G
M	☽✱♇	3	28	G
	☽☌☿	5	7	G
	♀□♃	6	52	
	☽⚺☉	4pm	5	g
	☽✱♃	7	6	G
	☽⚺♀	8	16	g
	☽P♄	11	31	B
29	☽∠♇	6am	34	b
TU	☽P♇	8	56	D
	☉P♂	9	12	
	♀⚼♆	2pm	1	
	☽∠☉	9	2	b
	☽∠♃	10	4	b

A COMPLETE ASPECTARIAN FOR 1995

Date	Aspect	Time			Date	Aspect	Time			Date	Aspect	Time			Date	Aspect	Time			Date	Aspect	Time		
30 W	☽ P ⊙	0am 2	G			☽ ⊼ ♆	0pm 15	g	18	☽ △ ♂	0am 44	G			☽ △ ♄	6 4	G	F	☽ □ ♃	3 19	B
	♀ P ♂	0 34				☽ ⚼ ♅	6 10	b	M	☽ ⚼ ♇	1pm 3	b			☽ ✱ ♆	10 16	G		☽ ∠ ♅	3 46	b
	☽ □ ♅	0 41	B			☽ ⚼ ♅	6 48	g	19	☽ □ ♀	1am 45	B			☽ P ♂	1pm 53	B		♂ △ ♄	8 11	
	☽ ∠ ♀	1 47	b			♀ P ♄	9 18		TU	☽ △ ♄	4 28	G			♅ Stat	1pm 2			☽ ♂ ♄	6 15	B
	☽ P ♀	2 11	G			☽ △ ♂	0am 58	G		☽ ⚹ ♆	8 9	B			☽ ♂ ♇	8 1	D		☉ P ☿	6 51	G
	☽ P ♂	2 30	B	8	☽ △ ♂	0am 58	G		☽ □ ♃	10 5	b			☽ △ ♂	8 43			⊙ P ☿	8 25	
	☽ ● ♂	3 26	B	F	♀ P ♅	0 59			☽ ⚹ ⊙	2pm 48	G	29		☽ ∠ ♀	0am 3	b		♀ ± ♄	8 50	
	☽ □ ♅	7 42	B		☽ P ♀	3 11	G		☽ ⚼ ♅	3 42	B	F		☽ ∠ ♀	2 46	b		☽ ✱ ♆	11 43	G
	☽ ⚼ ♇	9 14	g		☽ P ♀	3 27	D		☽ △ ♇	6 59	G			☽ ✱ ⊙	8 11	G	7	☽ ✱ ♅	6am 26	G
	⊙ □ ♃	0pm 51			☽ P ⊙	9 4	G	20	⊙ △ ♅	1am 44				☽ ∠ ♆	11 40	b	S	☽ △ ♇	10 29	G
	☽ ⚼ ♀	4 33	g		☽ P ♄	11 19	B	W	☽ P ♂	1 56	B			☽ ♂ ♃	3pm 50	G		♀ ∠ ♃	0pm 17	
31	☽ ⚼ ♃	0am 40	g		☽ □ ♃	0pm 59	B		☽ ✱ ♀	8 26	G			☽ ⚼ ♅	6 1	b		♀ □ ♅	0 48	
TH	☽ ✱ ⊙	1 29	G		☽ P ♀	1 13	G		⊙ □ ♃	9 0				☿ ♂ ♀	7 40			☽ ∠ ♇	0 49	
	☽ □ ♄	1 54	b		☽ ∠ ♆	1 44	b		☽ □ ♄	9 53	b	30		☽ ⚼ ♂	0am 26	g		♃ ∠ ♅	4 12	
♃ P ♅		1 47				☽ ⚼ ♅	5 48	B		☽ □ ♂	3pm 50	B	S		☽ ✱ ♃	2 40	G		☽ □ ♀	11 20	b
	☽ ✱ ⊙	6 46	G	9	☽ ♂ ⊙	3am 37	B		☽ △ ♃	3 53	G			☽ ✱ ♀	3 49	G	8	☽ P ♀	0am 58	G
	♀ ∠ ♂	1pm 56		S	☽ ⚼ ♂	4 2	b		♂ ⚼ ♃	5 2				☽ □ ♄	8 33	B	SU	☽ ♂ ♇	9 15	B
	☽ ∠ ♀	9 22	b		⊙ ⚼ ♇	5 53			⊙ P ♀	5 9				☽ ⚼ ♆	0pm 59	g		☽ P ⊙	9 23	G
	⊙ □ ♆	11 22			☿ ∠ ♇	9 23			☽ ∠ ⊙	10 42	b			☽ ✱ ♄	1 10			☽ △ ♃	9 22	B
SEPTEMBER					☽ P ♄	9 32		21	☽ ✱ ♀	5am 4	G			☽ ⚼ ♅	7 20	g		☽ P ♄	0pm 26	B
					♀ ♂ ♄	1pm 13		TH	☽ ✱ ☿	1pm 24	G			☽ ⚼ ♇	10 47	g		☽ ♂ ♃	1 52	b
1	☽ △ ♄	3am 49	G		☽ ♂ ♄	1 36	B		☽ ∠ ♀	4 34	b							☽ ♂ ♇	3 52	B
F	☽ ✱ ♆	5 3	G		☽ ♂ ♇	1 39	B		⊙ ✱ ♇	7 52		**OCTOBER**						☽ P ♇	5 59	D
	☽ ⚼ ♂	10 21	g		☽ ✱ ♆	3 45	G	22	♃ P ♅	2am 59								☽ ⚼ ♄	0am 30	B
	☽ ✱ ♅	11 50	G		♂ ⟂ ♃	7 19		F	☽ □ ♀	4 57	B	1		☽ ∠ ♀	3am 3	b	9	☽ ⚼ ♄	0am 30	B
	☽ ♂ ♇	1pm 29	D		☽ ∠ ♂	9 18			☽ ⚼ ⊙	5 41	g	SU		☽ □ ⊙	2pm 36	B	M	☽ □ ♆	6 30	B
	♀ □ ♅	5 14			☽ ✱ ♅	10 34	G		☿ Stat	9 15				☽ ⚼ ♃	7 3	g		♀ ⚼ ♀	9 25	
2	☽ ✱ ♃	1am 39	G	10	☽ △ ♇	0am 52	G		☽ P ♀	10 26	D	2		☽ ∠ ♀	0am 11	b		☽ ∠ ♆	10 10	
S	☽ ♂ ♃	4 46	G	SU	♀ △ ♀	0pm 33			☽ P ♄	5pm 28	B	M		☽ □ ♀	2 1	B		☽ □ ♅	1pm 32	b
	☽ ∠ ♀	6 42	b		☽ P ♀	2 40	G		☽ ∠ ☿	5 41	b			☽ P ♂	4 25	B		☽ □ ♃	2 8	b
	☽ □ ⊙	9 3	B		☽ △ ♀	6 11	G		☽ □ ♃	10 34	b			☽ ✱ ♂	5 43	G		☽ P ♀	3 24	G
	☽ ∠ ♀	1pm 2	b		☽ P ⊙	7 34	G		☽ ∠ ♅	11 42	g			♀ ⊼ ♄	7 11			☽ P ♂	6 49	B
	☽ ∠ ♃	1 23	b		☽ P ♄	10 57	B	23	☽ □ ♃	1am 18	B			☽ ✱ ♄	11 0			⊙ P ♅	7 40	
	⊙ P ♀	1 48		11	☽ ⚼ ♇	3am 56	b	S	☽ ♂ ♄	3 47	G			☽ □ ♅	11 23	B	10	☽ ∠ ♄	4am 35	b
	☽ □ ♀	3 21	B	M	☽ □ ♄	7 2	B		☽ □ ♅	5 32	b			☽ ♂ ♆	3pm 42	D	TU	☽ ⟂ ♂	6 36	
	♂ □ ♅	4 51			☽ P ♃	7 7	D		♂ □ ♆	9 45				♀ P ♇	3 56			♂ ✱ ♅	4pm 42	
3	☽ ⚼ ♄	6am 39	B		☽ P ♀	6pm 5	G		☽ P ⊙	0pm 47	G			☽ ∠ ♃	8 45	b	11	☽ ✱ ♄	9am 21	G
SU	☽ ⚼ ♆	8 4	g		☽ ⚼ ♄	7 29	g		♀ ✱ ♃	6 21				☽ ♂ ♅	10 5	B	W	☽ ⚼ ♀	11 39	b
	☽ ⚼ ♅	2pm 39	B		☽ □ ♃	9 59	b		☽ ⚼ ♂	8 58	g	3		☽ △ ♇	0am 59	G		☽ △ ♆	3pm 57	G
	☽ ✱ ⊙	3 44	G		☽ □ ♆	10 2	B		☽ ♂ ♄	10 0	B	TU		☽ ✱ ♅	1 41	G		☽ ∠ ♀	5 22	B
	☽ ⚼ ♇	5 6		12	☽ ∠ ♀	2am 21	B	24	☽ P ⊙	0pm 47	G			☽ ∠ ♄	0pm 24	b		☽ △ ♅	11 20	G
	☿ ✱ ♃	5 6		TU	☽ □ ♅	5 15	B	SU	☽ △ ♀	1 56	G			♀ P ♀	1 44		12	☽ ♂ ♂	4am 2	B
4	☽ ⚼ ♃	6am 38			☽ ♂ ♂	6pm 16	B		☽ P ♂	3 20	b			☽ △ ⊙	9 24	G	TH	⊙ P ♀	6 36	
M	☽ ⚼ ♀	7 39	g		☽ ∠ ♄	11 41	b		☽ △ ♅	8 43	G	4		☽ ✱ ♂	10 39	G		☽ □ ⊙	1pm 36	b
	☽ □ ♀	8 49	B	13	♀ Q ♃	0am 9			☽ ✱ ♅	0pm 0	G	W		♀ P ♀	1am 20	G		☽ △ ♀	4 24	G
	♂ ± ♅	10 24		W	☽ P ♂	1 12	B		☽ ♂ ♆	4 55	D			♀ ⟂ ♇	5 51			☽ □ ♀	9 35	B
	☽ △ ⊙	3pm 10	G		☽ □ ♀	9 24	b		☽ P ♃	8 36	G			♀ ⟂ ♇	10 49	G	13	☽ □ ♅	5 9	b
	☽ ∠ ♀	5 30	b		☽ △ ♀	2pm 5	G	25	☽ ✱ ♅	7am 52	G			☽ □ ♄	11 34	B	F	☽ □ ♃	7 7	B
	☽ △ ♀	10 29	G	14	☽ △ ⊙	3am 42	G	M	☽ ♂ ♀	11 12	B			♀ □ ♆	0pm 26			☽ ♂ ♃	5pm 56	b
	⊙ □ ♅	10 44		TH	☽ ✱ ♄	4 42	G		☽ P ♄	11 51	B			☽ ⚼ ♆	0pm 30		g	☽ □ ♄	8 38	B
	♀ ∠ ⊙	10 55			☽ △ ♀	7 42	G							☽ ⚼ ♃	2 35	b		☽ □ ♀	8 57	B
5	♀ P ♇	0am 19			☽ △ ♆	3pm 17	G		☽ ⚼ ♂	0pm 30	g			☽ △ ♀	7 42	G	14	☿ Stat	0am 46	
TU	☽ P ♄	6 51			☽ ♂ ♄	3 19			☽ P ♇	6 12	D	5		☽ □ ♃	1am 13	B	S	☽ ⚼ ♀	8 20	G
	☽ ✱ ♄	8 33	G		☽ ∠ ♀	6 13	B	26	☽ □ ♀	6 53		TH		☽ △ ♃	1 13	b	15	☽ △ ⊙	4 41	B
	☽ ∠ ♀	8 49			☽ ♂ ♆	6 14		TU	☽ ♂ ♅	10 19	B			⊙ ♂ ♀	1 17		SU	☽ □ ♀	5pm 15	b
	☽ ♂ ♆	10 9	D		☽ ♂ ♅	4pm 38	B		☽ ∠ ♃	1pm 25	D			☽ ✱ ♅	1 33	g		♀ ⟂ ♃	9 50	
	⊙ P ♆	11 17			☽ ✱ ☿	5 47	b		☽ P ♀	1 58	G			☽ P ♀	1 58	G		☽ □ ♀	5pm 15	b
	☽ □ ♃	5 57	B	15	☽ □ ♆	1pm 34	b		♇ Stat	4 3				♇ Stat	4 3		16	♂ ✱ ♅	1am 16	
	☽ ✱ ♅	6 31	G	F	☽ ♂ ♇	2 29	b	27	☽ ⚼ ♃	5 2				☽ ⚼ ♃	5 21	B	M	☽ △ ♄	5 58	G
	☽ □ ♂	8 11	B		☽ □ ♃	9 16	b	W	☽ P ♀	6 2	G			☽ ⚼ ♄	5 21	B		☽ □ ♆	3pm 57	G
6	☽ □ ♀	11am 48	b	16	☽ ⟂ ♂	2am 31	b		☽ ⚼ ⊙	1am 15	B			♀ P ♂	8 45	G		☽ ♂ ♆	4 24	B
W	☽ ∠ ♄	9 24	b	S	☉ △ ♆	5 5			☽ ⚼ ⊙	1 19	g			♀ P ♂	8 45	G		☽ ♂ ♆	4 24	B
	☽ ✱ ♃	9 58	G		☽ △ ♀	10 57	G		☽ □ ♄	4 35	b			♀ P ♀	11 6			☽ ♂ ♆	10 33	
	♀ P ♀	1pm 45			⊙ □ ♄	4 25	B		☽ ⚼ ♆	0pm 23	g			☽ P ♄	2pm 54	B		⊙ ⟂ ♇	10 33	
	☽ △ ♀	2 59	G		☽ □ ♂	6 5	B		☽ ♂ ♂	7 0	B			☽ ∠ ♆	9 0	b		⊙ ♂ ♅	11 56	B
	☽ P ♃	11 22	B		☽ ♂ ♇	9 9	B	28	☽ ♂ ♄	8 7	g			☽ P ⊙	10 2	G	17	☽ △ ♀	1am 20	G
7	⊙ P ♀	1am 41			☽ □ ⊙	1 41	B	TH	☽ ∠ ⊙	4 52	b	6		☽ □ ♀	0am 27	b	TU	☽ □ ♃	3 7	b
TH	☽ ⚼ ♄	10 25	g	17																			

	☽△♇	4 58	G
	☽⚻♄	2pm 47	b
	☽P♀	2 59	G
	☽⚹☿	7 9	G
18 W	☽□♀	1am 52	B
	☽△♃	9 13	G
	☉±♄	8pm 5	
19 TH	♀Q♆	0am 37	
	☽P☉	1 16	G
	☽∠☿	2 16	b
	☽⚹☉	8 36	G
	☽□♂	3pm 31	B
	☽□♇	3 38	B
	☽P♇	5 14	D
	♂☌♇	5 28	
	☽P♄	10 15	B
20 F	☽⚻♆	7am 55	b
	☽⊻☿	8 51	g
	☉□♅	11 45	
	☽⚻♅	2pm 55	b
	☽∠☉	3 11	b
	☽⚹♀	5 23	G
	☽□♃	7 2	B
21 S	☽P☿	1am 52	G
	☽☍♄	4 11	B
	☽△♆	11 27	G
	♀⊻♃	1pm 32	
	☽△♅	6 14	G
	☽⊻☉	8 38	g
	☽⚹♇	10 56	G
	☽∠♀	11 21	b
22 SU	☽P☿	0am 19	G
	☽⚹♂	1 46	G
	♀Q♅	1 54	
	♂P♆	3 30	
	☽☌☿	7pm 41	G
23 M	☽P♄	0am 49	B
	☽⚹♃	1 15	G
	☽∠♇	1 18	b
	☽⊻♀	4 14	g
	☉∠♃	4 31	
	☉⊻♇	4 40	
	☽P♇	5 17	D
	☽∠♂	5 25	b
	☽□♆	4pm 1	B
	☽□♅	10 27	B
24 TU	☽⊻♇	2am 59	g
	☽∠♃	3 13	b
	☽☌●	4 36	D
	☽P☉	6 56	G
	☽⊻♂	8 18	g
	☽⚻♄	10 18	b
	♂P♅	1pm 15	
25 W	☽⊻☿	3am 43	g
	☽⊻♃	4 39	g
	♀△♄	7 18	
	☿∠♇	8 13	
	☽△♄	11 12	G
	☽☌♀	11 35	G
	☿⚹♃	2pm 43	
	☽⚹♆	6 14	G
26 TH	☽⚹♅	0am 29	G
	☽☌♇	4 58	D
	☽∠☿	7 9	b
	☽⊻☉	10 4	g
	☽P♀	11 31	G
	☽☌♂	0pm 36	B
	☽∠♆	6 55	b
27	☽∠♅	1am 9	b

F	☽☌♃	6 42	G
	☽⚹☿	10 32	G
	☉⚻♄	10 56	
	☽□♄	0pm 23	B
	☽∠☉	0 30	b
	☽⊻♀	5 30	g
	☽⊻♆	7 34	g
28 S	☽⊻♅	1am 50	g
	☿▽♄	4 2	
	☽⊻♇	6 23	g
	☽P♀	2pm 11	G
	☽⚹☉	3 3	G
	☽⊻♂	4 32	g
	♀⚹♆	5 56	
	☽∠♀	8 36	b
29 SU	☽∠♇	7am 21	b
	☽⊻♃	8 58	g
	☽⚹♄	1pm 56	G
	☽□☿	6 9	B
	☽∠♂	6 54	b
	☽☌♆	9 28	D
30 M	☽⚹♀	0am 4	G
	☽☌♅	3 54	B
	☿∠♂	6 8	
	☿P♄	7 3	
	☽⚹♇	8 39	G
	☽∠♃	10 35	b
	☽∠♄	3pm 12	b
	☽P☉	6 55	G
	☽□☉	9 17	B
	☽⚹♂	9 43	G
31 TU	☿□♆	0am 21	
	☿⊥♇	10 0	
	☿P♇	11 48	
	☽⚹♃	0pm 41	G
	☽⊻♄	4 57	g
	♂P♃	5 8	
	☉⊻♂	6 23	
	♀⚹♅	8 33	
	☿±♄	9 36	
	♂∠♆	10 18	

NOVEMBER

1 W	☽⊻♆	0am 57	g
	☽△☿	4 10	G
	☽⊻♅	7 40	g
	☽□♀	8 46	B
	☽P☿	9 8	G
	☽P♇	0pm 31	D
	☽□♇	0 40	B
	☽P♄	4 56	B
2 TH	☽∠♆	3am 28	b
	☽□♂	5 7	B
	☽△☉	5 52	G
	☿□♅	10 8	
	☽∠♅	10 21	b
	☽⚻☿	10 22	b
	☽□♃	6pm 31	B
	☽☌♄	10 1	B
3 F	♀☌♇	4am 38	
	☽⚹♆	6 33	G
	☉⊥♃	9 56	
	☽⚻☉	11 12	b
	☽⚹♅	1pm 35	G
	☽△♇	6 51	G
	☽△♀	8 18	G
	☉Q♆	10 18	
4 S	☿⊻♇	5am 5	
	☽△♂	3pm 6	G

	☽P♄	10 24	B
	☽⚻♇	10 46	b
5 SU	☽△♃	2am 40	G
	☽P♇	3 7	D
	☽⚻♀	3 10	b
	☽⊻♄	5 17	g
	♀P♆	6 2	
	☿∠♃	1pm 21	
	☽□♆	2 22	B
	☽⚻♂	9 5	b
	☽□♅	9 42	B
6 M	♃⊥♆	2am 50	
	☽P☿	3 29	G
	☽⚻♃	7 36	b
	☿⚻♄	7 53	
	♂∠♅	8 13	
	☽∠♄	9 43	b
	☽☍☿	10 0	B
	♀P♅	10 42	
7 TU	☽☍☉	7 21	B
	☿⊻♀	8 23	
	☽⚹♄	2pm 41	G
	☉Q♅	8 49	
8 W	☽△♆	0am 18	G
	☽P☉	1 45	G
	☽△♅	7 57	G
	☽☍♇	1pm 44	B
9 TH	☽☍♀	4am 4	B
	☽⚻♆	6 0	b
	☿⊥♂	8 8	
	☽⚻♅	1pm 47	b
	☽☍♂	6 40	B
	♀∠♆	11 8	
10 F	☽☍♃	1am 32	B
	☽□♄	2 0	B
	☽⚻☿	4pm 31	b
	☉⊻♃	10 51	
	☉△♄	11 40	
11 S	♃□♄	2am 29	
	☿Q♆	4 39	
	☽⚻☉	9 0	b
	♀P♃	1pm 15	
	☿⊥♃	8 59	
12 SU	☽△☿	3am 40	G
	☽P☉	6 50	G
	☽⚻♇	8 25	b
	☽△♄	2pm 31	G
	☽△☉	6 11	G
13 M	☽☍♆	0am 53	B
	♀∠♅	4 11	
	☽P☿	8 28	G
	☽☍♅	8 50	B
	☽⚻♀	9 21	b
	♂⊥♆	11 57	
	☽△♇	2pm 50	G
	☿Q♅	3 34	
	☽⚻♂	7 31	b
	☽⚻♄	8 45	b
	☽⚻♃	10 3	b
14 TU	♂□♄	3 10	
	☽△♀	6 53	G
15 W	☽□☿	1am 24	B
	☽△♂	3 23	G
	☽△♃	4 28	G
	☿△♄	10 38	
	☽□☉	11 40	B
16 TH	☽P♇	0 31	D
	☽□♇	2 26	B
	☉⚹♆	2 41	

	☿⊻♂	3 37	
	☿⊻♃	3 39	
	♂☌♃	3 44	
	☽P♄	5 46	B
	☽⚻♆	5pm 55	b
17 F	☽⚻♅	1am 28	b
	♀⊥♆	7 52	
	☽□♀	11 15	B
	☽☍♄	0pm 16	B
	☽□♃	3 1	B
	☽□♂	4 33	B
	☽⚹☿	7 21	G
	♀□♄	9 50	
	☽△♆	10 4	G
18 S	☽⚹☉	1am 36	G
	☽△♅	5 22	G
	☽⚹♇	10 50	G
	☿⚹♆	5pm 48	
19 SU	♂⊥♅	0am 44	
	☽∠☿	2 11	b
	☽∠☉	6 44	b
	♀☌♃	9 54	
	☽P♄	0pm 43	B
	☽∠♇	1 33	b
	☽P♇	5 37	D
	☽⚹♃	9 36	G
	☽⚹♀	10 32	G
20 M	☽⚹♂	1am 12	G
	♀P♂	3 9	
	☽□♆	3 23	B
	☉⚹♅	4 11	
	☽⊻☿	7 36	g
	☽□♅	10 13	B
	☽⊻☉	10 40	g
	♀⊥♅	2pm 45	
	☽⊻♇	3 20	g
	☽⚻♄	7 43	b
	☽∠♃	11 25	b
21 TU	☽∠♀	2am 21	b
	☽∠♂	3 54	b
	☉P☿	6 30	
	☿⚹♅	7 19	
	♂⊻♆	7pm 26	
	♄ Stat	7 49	
	☽△♄	8 30	G
22 W	☽⊻♃	0am 30	g
	☽⊻♀	5 14	g
	☽⚹♆	5 18	G
	☽⊻♂	5 48	g
	♀⊻♆	5 59	
	☽⚹♅	11 49	G
	☽☌☿	3pm 8	G
	☽☌☉	3 43	D
	☽☌♇	4 42	D
	♀☌☿	9 30	
23 TH	☉☌☿	5am 26	
	☽∠♆	5 26	b
	☿☌♇	6 15	
	☉☌♇	6 44	
	☽∠♅	11 54	b
	☿P♆	4pm 48	
	☽□♄	8 42	B
24 F	☽☌♃	1am 18	G
	☽⊻♆	5 23	g
	☽☌♂	8 18	B
	☿P♅	8 34	
	☽☌♀	9 33	G
	☽⊻♅	11 51	g
	☽⊻♇	4pm 41	g

	☽⊻☉	7 2	g
	☽⊻☿	8 37	g
25 S	♀⊻♅	2 15	
	☽∠♇	4 47	b
	☽⚹♄	8 42	G
	☽∠☉	8 52	b
	☽∠☿	11 34	b
26 SU	☽⊻♃	2am 6	g
	☽☌♆	5 37	D
	☽⊻♂	11 9	g
	☉P♆	11 40	
	☽☌♅	0pm 18	B
	☽⊻♀	2 17	g
	☽⚹♇	5 17	G
	☽∠♄	9 14	b
	☽⚹☉	11 14	G
27 M	☽∠♃	3am 8	b
	☽⚹☿	3 9	G
	♃⊥♅	9 23	
	♂⊻♅	10 51	
	☽∠♂	1pm 24	b
	☽∠♀	5 37	b
	☉P♅	9 17	
	☽⊻♄	10 23	g
28 TU	♀⊻♇	2am 38	
	☽⚹♃	4 51	G
	☽⊻♆	7 51	g
	☿∠♆	9 26	
	☽⊻♅	2pm 57	g
	☽⚹♂	4 29	G
	☽P♇	5 19	D
	☽□♇	8 14	B
	☿P♃	9 35	
	☽⚹♀	9 55	G
	☽P♄	10 58	B
29 W	☽□☉	6am 28	B
	☽∠♆	10 5	b
	☽□☿	1pm 15	B
	☽∠♅	5 27	b
30 TH	☽☌♄	3am 1	B
	☽□♃	10 45	B
	☽⚹♆	1pm 8	G
	☽⚹♅	8 45	G

DECEMBER

1 F	☽□♂	1am 31	B
	☿∠♅	2 10	
	☽△♇	2 20	G
	☉∠♆	8 7	
	☽□♀	9 43	B
	♂⊻♇	4pm 8	
	☽△☉	5 43	G
2 S	☽△☿	3am 55	G
	☽P♄	4 31	B
	☽⚻♇	6 33	b
	☽⊻♄	10 49	g
	☽P♇	11 0	D
	♀Q♄	11 13	
	☽△♃	7pm 54	G
	☽□♆	9 31	B
3 SU	☽⚻☉	0am 44	b
	♀⊥♇	2 25	
	☽□♅	5 34	B
	☽⚻☿	0pm 46	b
	☽△♂	2 5	G
	☽∠♄	3 43	b
4 M	☽△♀	1am 20	G
	☽⚻♃	1 27	b
	☿P♂	3 27	

G.M.T. AND EPHEMERIS TIME

The tabulations and times in this Ephemeris are in G.M.T.

From 1960 to 1982 the tabulations were in Ephemeris Time (E.T.), but it should be pointed out that the maximum correction to phenomena or aspects using E.T. as compared with G.M.T. did not exceed 53 seconds and that any correction should be considered as negligible in normal use.

NOTE. — To obtain Local Mean Time of aspect, *add* the time equivalent of the Longitude if *East* and *subtract* if *West*.

DISTANCES APART OF ALL ☌s AND ☍s IN 1995

Note: The Distances Apart are in Declination

JANUARY

1	☽ ☌ ☉	10am56	4	16
2	☽ ☌ ☿	6am16	6	49
2	☽ ☌ ♆	6am30	4	9
2	☿ ☌ ♆	8am25	2	40
2	☽ ☌ ♅	11am20	5	15
4	☿ ☌ ♅	5am31	1	36
5	☽ ☍ ♂	2am29	7	50
5	☽ ☌ ♄	0pm47	5	55
7	♀ ☌ ♇	5am06	9	30
12	☽ ☍ ♇	4am40	11	36
12	☽ ☍ ♀	3pm19	1	36
12	☽ ☍ ♃	7pm13	1	20
13	☉ ☌ ♆	5pm06	0	32
14	♀ ☌ ♃	9pm51	2	44
16	☽ ☍ ♆	2pm31	4	9
16	☽ ☍ ☉	8pm26	4	45
16	☽ ☍ ♅	8pm44	5	14
17	☉ ☌ ♅	0am22	0	29
18	☽ ☍ ☿	10am47	5	17
19	☽ ☌ ♂	1pm11	8	17
20	☽ ☍ ♄	5am33	5	43
26	☽ ☌ ♇	1am57	11	31
26	☽ ☌ ♃	5pm28	1	38
27	☽ ● ♀	0pm13	0	11
29	☽ ☌ ♆	6pm29	4	11
30	☽ ☌ ♅	0am21	5	16
30	☽ ☌ ☉	10pm48	4	49
31	☽ ☌ ☿	0pm16	1	52

FEBRUARY

1	☽ ☍ ♂	3am06	8	41
2	☽ ☌ ♄	3am51	5	35
3	☉ ☌ ☿	11pm00	3	24
8	☽ ☍ ♇	1pm37	11	28
9	☽ ☍ ♃	0pm17	1	55
11	☽ ☍ ♀	4pm34	2	6
12	☉ ☍ ♂	2am31	4	17
13	☽ ☍ ♆	0am25	4	15
13	☽ ☍ ♅	7am42	5	20
13	☽ ☍ ☿	10pm41	2	9
15	☽ ☌ ♂	3am48	8	55
15	☽ ☍ ☉	0pm15	4	30
16	☽ ☍ ♄	5pm55	5	27
22	☽ ☌ ♇	8am11	11	25
23	☽ ☌ ♃	5am49	2	9
26	☽ ☌ ♀	3am41	3	39
26	☽ ☌ ♆	3am58	4	20
26	♀ ☌ ♆	7am06	0	40
26	☽ ☌ ♅	10am57	5	24
27	☽ ☌ ☿	8am47	4	45
27	☽ ☍ ♂	6pm44	8	52

MARCH

1	☽ ☌ ☉	11am48	3	56
1	☽ ☌ ♄	7pm06	5	21
1	♀ ☌ ♅	10pm18	1	28
3	☿ ☍ ♂	9pm10	3	24
6	☉ ☌ ♄	1am32	1	38
7	☽ ☍ ♇	10pm08	11	23
9	☽ ☍ ♃	2am27	2	21
12	☽ ☍ ♆	10am49	4	26
12	☽ ☍ ♅	7pm10	5	30
13	☽ ☍ ♀	8pm44	4	43
13	☽ ☌ ♂	10pm35	8	34
14	♀ ☍ ♂	3pm00	3	47
15	☽ ☍ ☿	4am40	6	12
16	☽ ☍ ♄	8am38	5	17
17	☽ ☍ ☉	1am26	3	4
21	☽ ☌ ♇	1pm49	11	23
22	☽ ☌ ♃	2pm31	2	28
25	☽ ☌ ♆	10am53	4	30
25	☽ ☌ ♅	6pm48	5	34
26	☿ ☌ ♄	3am51	0	29
26	☽ ☍ ♂	6pm19	8	9
27	☽ ☌ ♀	11pm49	5	2
29	☽ ☌ ♄	8am48	5	13
29	☽ ☌ ☿	7pm43	5	17
31	☽ ☌ ☉	2am09	2	6

APRIL

4	☽ ☍ ♇	5am30	11	25
5	☽ ☍ ♃	11am58	2	32
8	☽ ☍ ♆	8pm23	4	34
9	☽ ☍ ♅	5am38	5	39
10	☽ ☌ ♂	9am27	7	39
12	☽ ☍ ♀	11pm15	4	43
13	☽ ☍ ♄	0am17	5	11
13	♀ ☌ ♄	0pm14	0	29
14	☉ ☌ ☿	0pm49	0	40
15	☽ ●–● ☉	0pm08	0	54
15	☽ ☍ ☿	2pm13	1	18
17	☽ ☌ ♇	8pm58	11	28
18	☽ ☌ ♃	9pm06	2	31
21	☽ ☌ ♆	4pm57	4	35
22	☽ ☌ ♅	1am19	5	40
23	☽ ☍ ♂	7am52	7	10
25	☽ ☌ ♄	8pm23	5	8
27	☽ ☌ ♀	0am55	3	54
29	☽ ● ☉	5pm36	0	18

MAY

1	☽ ☌ ☿	7am25	3	57
1	☽ ☍ ♇	11am22	11	32
2	☿ ☍ ♇	11am11	15	46
2	☽ ☍ ♃	4pm06	2	26
6	☽ ☍ ♆	4am04	4	34
6	☽ ☍ ♅	1pm51	5	40
8	☽ ☌ ♂	9am03	6	35
10	☽ ☍ ♄	2pm52	5	5
12	☿ ☍ ♃	4pm37	3	15
12	☽ ☍ ♀	10pm55	2	27
14	☽ ☍ ☉	8pm48	1	35
15	☽ ☌ ♇	5am59	11	34
16	☽ ☌ ♃	2am49	2	19
16	☽ ☍ ☿	7am57	5	31
19	☽ ☌ ♆	0am01	4	33
19	☽ ☌ ♅	8am19	5	39
20	☉ ☍ ♇	5pm18	13	38
21	☽ ☍ ♂	8am14	6	2
23	☽ ☌ ♄	6am17	5	2
27	☽ ● ♀	6am47	0	48
28	☽ ☍ ♇	4pm06	11	35
29	☽ ☌ ☉	9am27	2	44
29	☽ ☍ ♃	4pm10	2	12
30	☽ ☌ ☿	4am55	2	33

JUNE

1	☉ ☍ ♃	11am22	0	48
2	☽ ☍ ♆	9am47	4	29
2	☽ ☍ ♅	7pm35	5	35
5	☉ ☌ ☿	5am38	2	35
5	☽ ☌ ♂	3pm33	5	19
7	☽ ☍ ♄	2am30	4	57
9	♀ ☍ ♇	2pm28	12	30
11	☽ ☌ ♇	3pm40	11	32
11	☽ ☍ ♀	8pm04	1	15
12	☽ ☌ ♃	8am19	2	6
12	☽ ☍ ☿	10am41	0	59
13	☽ ☍ ☉	4am03	3	45
15	☽ ☌ ♆	8am43	4	26
15	☽ ☌ ♅	4pm34	5	33
17	♀ ☍ ♃	4pm08	0	4
18	☽ ☍ ♂	3pm57	4	40
18	☿ ☌ ♀	7pm30	3	31
19	☽ ☌ ♄	3pm15	4	54
24	☽ ☍ ♇	8pm39	11	28
25	☽ ☍ ♃	3pm33	2	3
26	☽ ● ☿	2am01	0	36
26	☽ ☌ ♀	3pm35	3	8
28	☽ ☌ ☉	0am50	4	28
29	☽ ☍ ♆	2pm22	4	22
29	☽ ☍ ♅	11pm43	5	29

JULY

4	☽ ☌ ♂	1am34	3	49
4	☽ ☍ ♄	10am15	4	49
9	☽ ☌ ♇	0am28	11	18
9	☽ ☌ ♃	2pm02	2	5
11	☽ ☍ ☿	5am03	3	21
11	☽ ☍ ♀	4pm06	4	42
12	♂ ☍ ♄	7am20	1	27
12	☽ ☍ ☉	10am49	4	51
12	☽ ☌ ♆	6pm13	4	21
13	☽ ☌ ♅	1am29	5	28
16	☽ ☌ ♄	11pm41	4	47
17	☉ ☍ ♆	4am43	0	33
17	☽ ☍ ♂	4am55	3	3
20	☿ ☌ ♀	3pm19	0	23
21	☉ ☍ ♅	5pm41	0	34
22	☽ ☍ ♇	2am08	11	7
22	☽ ☍ ♃	5pm59	2	9
23	☿ ☍ ♆	2am31	1	44
24	♀ ☍ ♆	7pm39	1	10
25	☿ ☍ ♅	3am45	0	50
26	☽ ☍ ♆	7pm05	4	21
27	☽ ☌ ♀	0am33	5	36
27	☽ ☍ ♅	3am43	5	27
27	☽ ☌ ☿	1pm59	6	26
27	☽ ☌ ☉	3pm13	4	51
28	☉ ☌ ☿	2am09	1	36
28	♀ ☍ ♅	7am05	0	11
31	☽ ☍ ♄	2pm44	4	45

AUGUST

1	☽ ☌ ♂	1pm39	2	4
5	☽ ☌ ♇	7am33	10	53
5	☽ ☌ ♃	8pm33	2	19
9	☽ ☌ ♆	3am02	4	23
9	☽ ☌ ♅	9am50	5	29
10	☽ ☍ ♀	1pm12	5	44
10	☽ ☍ ☉	6pm16	4	33
11	☽ ☍ ☿	8pm17	5	6
13	☽ ☌ ♄	7am19	4	47
14	☽ ☍ ♂	9pm55	1	12
18	☽ ☍ ♇	9am19	10	40
19	☽ ☍ ♃	1am39	2	29
21	☉ ☌ ♀	0am04	1	15
23	☽ ☍ ♆	0am55	4	27
23	☽ ☍ ♅	8am52	5	32
24	☿ ☍ ♄	0am59	2	15
26	☽ ☌ ☉	4am31	3	55
26	☽ ☌ ♀	7am28	5	7
27	☽ ☍ ♄	5pm55	4	50
28	☽ ☌ ☿	5am07	1	35
30	☽ ● ♂	3am26	0	8

SEPTEMBER

1	☽ ☌ ♇	1pm29	10	25
2	☽ ☌ ♃	4am46	2	43
5	☽ ☌ ♆	10am09	4	32
5	☽ ☌ ♅	4pm38	5	36
9	☽ ☍ ☉	3am37	3	8
9	♀ ☍ ♄	1pm13	0	53
9	☽ ☌ ♄	1pm36	4	54
9	☽ ☍ ♀	1pm39	4	1
11	☽ ☍ ☿	7am02	1	35
12	☽ ☍ ♂	6pm16	0	50
14	☉ ☍ ♄	3pm19	2	9
14	☽ ☍ ♇	6pm13	10	13
15	☽ ☍ ♃	2pm29	2	57
19	☽ ☍ ♆	8am09	4	36
19	☽ ☍ ♅	3pm42	5	40
23	☽ ☍ ♄	10pm00	4	59
24	☽ ☌ ☉	4pm55	2	4
25	☽ ☌ ♀	11am12	2	18
26	☽ ☌ ☿	1am01	2	56
27	☽ ☌ ♂	7pm00	1	54
28	☽ ☌ ♇	8pm01	10	2
29	☽ ☌ ♃	3pm50	3	11
29	☿ ☌ ♀	7pm40	4	8

OCTOBER

2	☽ ☌ ♆	3pm42	4	40
2	☽ ☌ ♅	10pm05	5	43
5	☉ ☌ ☿	1am17	2	1
6	☽ ☌ ♄	6pm15	5	4
8	☽ ☍ ☿	3am15	0	27
8	☽ ☍ ☉	3pm52	0	59
9	☽ ☍ ♀	6pm49	0	25
11	☽ ☍ ♂	5pm22	2	53
12	☽ ☍ ♇	4am02	9	55
13	☽ ☍ ♃	7am02	3	23
16	☽ ☍ ♆	4pm24	4	42
16	☽ ☍ ♅	11pm56	5	44
19	♂ ☌ ♇	5pm28	13	17
21	☽ ☍ ♄	4am11	5	7
22	☽ ☌ ☿	7pm41	3	10
24	☽ ●–● ☉	4am36	0	20
25	☽ ☌ ♀	11am35	1	50
26	☽ ☌ ♇	4am58	9	49
26	☽ ☌ ♂	0pm36	3	52
27	☽ ☌ ♃	6am42	3	35
29	☽ ☌ ♆	9pm28	4	42
30	☽ ☌ ♅	3am54	5	43

NOVEMBER

2	☽ ☍ ♄	10pm01	5	7
3	♀ ☌ ♇	4am38	12	52

DISTANCES APART OF ALL ☌s AND ☍s IN 1995

Note: The Distances Apart are in Declination

6	☽☍☿	10am00	0 42	22	☽☌♇	4pm42	9 42	DECEMBER				18	☉☌♃	9pm43	0 16
7	☽☍☉	7am21	1 33	22	♀☌♂	9pm30	0 11					20	☽☌♇	5am42	9 36
8	☽☍♇	1pm44	9 45	23	☉☌☿	5am26	0 28	5	☽☍♇	10pm33	9 39	20	♀☌♅	5pm49	1 13
9	☽☍♀	4am04	3 54	23	☿☌♇	6am15	13 2	7	☽☍☉	1am27	3 50	21	☽☌♃	10pm22	4 14
9	☽☍♂	6pm40	4 41	23	☉☌♇	6am44	12 34	7	☽☍☿	7pm09	6 7	22	☽☌☉	2am22	4 36
10	☽☍♃	1am32	3 46	24	☽☌♃	1am18	3 56	7	☽☍♃	8pm36	4 4	23	☽☌☿	5am32	7 8
13	☽☍♆	0am53	4 39	24	☽☌♂	8am18	5 22	8	☿☌♃	7am58	2 7	23	☽☌♂	5am56	6 0
13	☽☍♅	8am50	5 40	24	☽☌♀	9am33	5 38	8	☽☍♂	9pm31	5 48	23	☿☌♂	1pm41	1 7
16	♂☌♃	3am44	1 11	26	☽☌♆	5am37	4 36	9	☽☍♀	3pm01	6 34	23	☽☌♆	4pm58	4 29
17	☽☍♄	0pm16	5 3	26	☽☌♅	0pm18	5 36	10	☽☍♆	9am08	4 32	24	☽☌♅	0am08	5 26
19	♀☌♃	9am54	1 16	30	☽☌♄	3am01	4 58	10	☽☍♅	5pm50	5 30	24	☽☌♀	6am49	6 37
22	☽☌☿	3pm08	3 11					14	☽☍♄	9pm21	4 46	27	☽☌♄	11am38	4 36
22	☽☌☉	3pm43	2 49					17	♀☌♆	0am45	2 12	28	☿☌♆	9am28	2 18

TIME WHEN THE SUN, MOON AND PLANETS ENTER THE ZODIACAL SIGNS IN 1995

JANUARY			FEBRUARY			MARCH			APRIL			MAY			JUNE		
2	☽♒	6pm40	1	☽♓	8am06	2	♀♒	10pm10	1	♅♒	0pm07	1	☽♊	11am53	2	☽♌	7pm16
4	☽♓	9pm50	3	☽♈	2pm13	2	☽♈	11pm30	1	☽♉	4pm59	2	☿♊	3pm19	5	☽♍	5am45
6	☿♒	10pm17	4	♀♑	8pm12	5	☽♉	8am51	2	☿♈	7am29	4	☽♋	0am45	7	☽♎	1pm13
7	☽♈	4am58	6	☽♉	0am09	7	☽♊	8pm55	4	☽♊	4am49	6	☽♌	0pm55	9	♅♑	1am46
7	♀♐	0pm07	8	☽♊	0pm44	10	☽♋	9am40	6	☽♋	5pm39	8	☽♍	10pm33	9	☽♏	5pm02
9	☽♉	3pm59	11	☽♋	1am17	12	☽♌	8pm27	9	☽♌	5am14	11	☽♎	4am29	10	♀♊	4pm18
12	☽♊	4am57	13	☽♌	11am31	14	☿♓	9pm35	11	☽♍	1pm38	13	☽♏	6am52	11	☽♐	5pm49
14	☽♋	5pm19	15	☽♍	6pm51	15	☽♍	3am53	13	☽♎	6pm19	15	☽♐	6am58	13	☽♑	5pm05
17	☽♌	3am36	18	☽♎	0am00	17	☽♎	8am17	15	☽♏	8pm12	16	♀♉	11pm22	15	☽♒	4pm53
17	♇♐	9am59	19	☉♓	3am11	19	☽♏	10am52	17	☿♉	7am54	17	☽♑	6am36	17	☽♓	7pm15
19	☽♍	11am39	20	☽♏	3am55	21	☉♈	2am14	17	☽♐	8pm52	19	☽♒	7am40	20	☽♈	1am30
20	☉♒	1pm00	22	☽♐	7am12	21	☽♐	0pm57	19	☽♑	9pm54	21	☽♓	11am40	21	☉♋	8pm34
21	☽♎	5pm53	24	☽♑	10am11	23	☽♑	3pm32	20	☉♉	1pm21	21	☉♊	0pm34	22	☽♉	11am36
22	♂♌	11pm48	26	☽♒	1pm14	25	☽♒	7pm10	21	♇♏	2am07	23	☽♈	7pm14	25	☽♊	0am02
23	☽♏	10pm32	28	☽♓	5pm17	28	☽♓	0am18	22	☽♒	0am38	25	♂♍	4pm09	27	☽♋	0pm56
26	☽♐	1am36				28	♀♓	5am10	22	♀♈	4am07	26	☽♉	5am47	30	☽♌	1am01
28	☽♑	3am26				30	☽♈	7am26	24	☽♓	5am51	28	☽♊	6pm07			
30	☽♒	5am03							26	☽♈	1pm41	31	☽♋	6am59			
									28	☽♉	11pm53						

JULY			AUGUST			SEPTEMBER			OCTOBER			NOVEMBER			DECEMBER		
2	☽♍	11am35	1	☽♎	1am23	1	☽♐	4pm56	1	☽♑	1am10	1	☽♓	1pm18	1	☽♈	0am51
4	☽♎	7pm54	3	☽♏	7am28	3	☽♑	7pm45	3	☽♒	4am00	3	♀♐	10am18	3	☽♉	9am40
5	♀♋	6am39	5	☽♐	11am14	5	☽♒	9pm47	5	☽♓	7am36	3	☽♈	7pm21	5	☽♊	8pm35
7	☽♏	1am18	7	☽♑	0pm52	7	♂♏	7am00	7	☽♈	0pm42	4	☿♏	8am50	8	☽♋	8am44
9	☽♐	3am37	9	☽♒	1pm28	8	☽♓	0am08	9	☽♉	8pm06	6	☽♉	3am36	10	☽♌	9pm24
10	☿♋	4pm56	10	☿♍	0am13	10	☽♈	4am15	10	♀♏	7am48	8	☽♊	1pm55	12	☿♑	2am57
11	☽♑	3am43	11	☽♓	2pm47	12	☽♉	11am22	12	☽♊	6am10	10	♇♐	7pm39	13	☽♍	9am26
13	☽♒	3am21	13	☽♈	6pm42	14	☽♊	9pm48	14	☽♋	6pm20	11	☽♋	1am57	15	☽♎	7pm08
15	☽♓	4am38	16	☽♉	2am26	16	♀♎	5am01	17	☽♌	6am46	13	☽♌	2pm37	18	☽♏	1am06
17	☽♈	9am24	18	☽♊	1pm40	17	☽♋	10am16	19	☽♍	5pm10	16	☽♍	2am02	20	☽♐	3am12
19	☽♉	6pm21	21	☽♋	2am23	19	☽♌	10pm19	20	♂♐	9pm02	18	☽♎	10am17	21	♀♒	6pm23
21	♂♎	9am21	23	♀♍	0am43	22	☽♍	8am00	22	☽♎	0am15	20	☽♏	2pm39	22	☽♑	2am46
22	☽♊	6am23	23	☽♌	2pm12	23	☉♎	0pm13	23	☉♏	9pm32	22	☽♐	3pm56	22	☉♑	8am17
23	☉♌	7am30	23	☉♍	2pm35	24	☽♎	2pm49	24	☽♏	4am06	22	☉♐	7pm01	24	☽♒	1am52
24	☽♋	7pm15	25	☽♍	11pm50	26	☽♏	7pm20	26	☽♐	5am56	22	☿♐	10pm46	26	☽♓	2am46
25	☿♌	10pm19	28	☽♎	7am14	28	☽♐	10pm30	28	☽♑	7am15	24	☽♑	3pm48	28	☽♈	7am07
27	☽♌	7am06	29	☿♎	2am07				30	☽♒	9am24	26	☽♒	4pm16	30	☽♉	3pm22
29	☽♍	5pm11	30	☽♏	0pm51							27	♀♑	1pm23			
29	♀♌	5pm32										28	☽♓	7pm00			
												30	♂♑	1pm57			

LOCAL MEAN TIME OF SUNRISE FOR LATITUDES
60° North to 50° South
FOR ALL SUNDAYS IN 1995. (ALL TIMES ARE A.M.)

Date	LON-DON	Northern Latitudes							Southern Latitudes				
		60°	55°	50°	40°	30°	20°	10°	0°	10°	20°	30°	40°	50°
	H M	H M	H M	H M	H M	H M	H M	H M	H M	H M	H M	H M	H M	H M
Jan. 1	8 6	9 3	8 25	7 59	7 22	6 56	6 35	6 17	5 59	5 41	5 23	5 1	4 33	3 54
,, 8	8 5	8 58	8 23	7 58	7 22	6 57	6 37	6 19	6 3	5 46	5 28	5 7	4 40	4 2
,, 15	8 0	8 50	8 17	7 54	7 21	6 57	6 38	6 21	6 6	5 49	5 32	5 12	4 47	4 11
,, 22	7 54	8 38	8 9	7 47	7 17	6 56	6 38	6 22	6 8	5 53	5 37	5 19	4 56	4 23
,, 29	7 44	8 24	7 58	7 40	7 12	6 53	6 37	6 23	6 10	5 56	5 42	5 25	5 4	4 34
Feb. 5	7 34	8 7	7 45	7 30	7 6	6 49	6 35	6 22	6 10	5 59	5 47	5 32	5 14	4 48
,, 12	7 22	7 49	7 31	7 18	6 58	6 44	6 32	6 21	6 11	6 1	5 50	5 37	5 21	4 59
,, 19	7 9	7 30	7 16	7 5	6 49	6 37	6 28	6 19	6 11	6 3	5 54	5 44	5 31	5 13
,, 26	6 54	7 11	7 0	6 52	6 40	6 30	6 23	6 16	6 10	6 4	5 57	5 49	5 38	5 25
Mar. 5	6 39	6 50	6 43	6 38	6 29	6 23	6 18	6 13	6 8	6 4	5 59	5 54	5 46	5 36
,, 12	6 24	6 29	6 26	6 23	6 18	6 15	6 12	6 9	6 7	6 4	6 1	5 57	5 52	5 46
,, 19	6 8	6 8	6 8	6 8	6 7	6 7	6 6	6 5	6 5	6 4	6 3	6 2	6 0	5 58
,, 26	5 52	5 47	5 50	5 52	5 56	5 58	6 0	6 1	6 3	6 4	6 5	6 6	6 7	6 9
Apr. 2	5 36	5 26	5 32	5 37	5 44	5 50	5 54	5 57	6 1	6 3	6 7	6 11	6 15	6 21
,, 9	5 20	5 4	5 15	5 22	5 33	5 41	5 48	5 53	5 58	6 3	6 9	6 14	6 21	6 30
,, 16	5 5	4 44	4 58	5 8	5 22	5 33	5 42	5 50	5 57	6 4	6 11	6 19	6 28	6 41
,, 23	4 50	4 23	4 40	4 53	5 12	5 26	5 37	5 46	5 55	6 4	6 13	6 23	6 35	6 52
,, 30	4 36	4 4	4 24	4 40	5 3	5 19	5 32	5 43	5 54	6 5	6 16	6 28	6 43	7 4
May 7	4 23	3 45	4 10	4 28	4 54	5 13	5 28	5 41	5 53	6 5	6 18	6 32	6 50	7 14
,, 14	4 11	3 27	3 56	4 17	4 47	5 8	5 25	5 39	5 53	6 7	6 21	6 37	6 57	7 25
,, 21	4 1	3 11	3 44	4 8	4 40	5 4	5 22	5 38	5 53	6 7	6 23	6 40	7 2	7 32
,, 28	3 53	2 57	3 34	4 0	4 36	5 1	5 20	5 38	5 53	6 9	6 26	6 45	7 9	7 42
June 4	3 47	2 46	3 27	3 54	4 32	4 59	5 20	5 38	5 54	6 11	6 28	6 49	7 14	7 49
,, 11	3 43	2 39	3 22	3 51	4 31	4 58	5 20	5 38	5 56	6 13	6 31	6 52	7 18	7 54
,, 18	3 42	2 35	3 20	3 50	4 30	4 59	5 20	5 40	5 57	6 14	6 33	6 54	7 21	7 58
,, 25	3 43	2 36	3 21	3 51	4 32	5 0	5 22	5 41	5 58	6 15	6 34	6 55	7 22	7 59
July 2	3 47	2 42	3 25	3 55	4 34	5 2	5 24	5 43	6 0	6 18	6 36	6 57	7 23	8 0
,, 9	3 53	2 51	3 32	4 0	4 38	5 5	5 26	5 44	6 1	6 18	6 36	6 56	7 21	7 57
,, 16	4 0	3 3	3 41	4 7	4 43	5 9	5 29	5 46	6 2	6 18	6 35	6 54	7 18	7 51
,, 23	4 9	3 17	3 51	4 15	4 49	5 13	5 32	5 48	6 3	6 17	6 33	6 51	7 13	7 44
,, 30	4 19	3 33	4 3	4 25	4 55	5 17	5 34	5 49	6 3	6 16	6 30	6 47	7 7	7 35
Aug. 6	4 30	3 50	4 16	4 34	5 2	5 21	5 36	5 50	6 2	6 14	6 28	6 42	7 1	7 26
,, 13	4 41	4 6	4 28	4 45	5 8	5 25	5 39	5 51	6 2	6 13	6 24	6 37	6 53	7 14
,, 20	4 52	4 23	4 41	4 55	5 15	5 29	5 41	5 51	6 0	6 9	6 18	6 29	6 42	7 0
,, 27	5 3	4 40	4 55	5 6	5 22	5 33	5 43	5 51	5 58	6 6	6 14	6 23	6 33	6 48
Sept. 3	5 14	4 57	5 8	5 16	5 28	5 37	5 44	5 51	5 56	6 2	6 8	6 14	6 22	6 33
,, 10	5 25	5 13	5 21	5 26	5 35	5 41	5 46	5 50	5 54	5 58	6 1	6 6	6 11	6 17
,, 17	5 36	5 30	5 34	5 37	5 42	5 45	5 48	5 50	5 52	5 53	5 54	5 56	5 59	6 1
,, 24	5 47	5 46	5 47	5 47	5 48	5 49	5 49	5 49	5 49	5 49	5 48	5 48	5 47	5 46
Oct. 1	5 59	6 3	6 0	5 58	5 55	5 53	5 51	5 49	5 47	5 45	5 43	5 41	5 37	5 33
,, 8	6 10	6 19	6 14	6 9	6 2	5 57	5 52	5 48	5 45	5 41	5 37	5 32	5 26	5 18
,, 15	6 22	6 36	6 28	6 20	6 9	6 1	5 54	5 48	5 43	5 37	5 30	5 23	5 14	5 1
,, 22	6 34	6 54	6 41	6 31	6 17	6 6	5 57	5 49	5 41	5 33	5 25	5 15	5 3	4 46
,, 29	6 46	7 12	6 55	6 43	6 24	6 11	6 0	5 50	5 40	5 31	5 21	5 9	4 54	4 34
Nov. 5	6 59	7 30	7 9	6 54	6 32	6 16	6 3	5 51	5 40	5 29	5 17	5 3	4 46	4 22
,, 12	7 11	7 48	7 24	7 6	6 40	6 22	6 6	5 53	5 41	5 28	5 14	4 59	4 39	4 11
,, 19	7 23	8 5	7 38	7 18	6 48	6 28	6 11	5 56	5 42	5 27	5 12	4 54	4 32	4 0
,, 26	7 35	8 22	7 51	7 28	6 56	6 34	6 15	5 59	5 44	5 28	5 11	4 52	4 28	3 53
Dec. 3	7 45	8 37	8 2	7 38	7 4	6 39	6 20	6 2	5 46	5 30	5 12	4 51	4 26	3 48
,, 10	7 53	8 49	8 13	7 46	7 10	6 44	6 24	6 6	5 49	5 32	5 14	4 52	4 25	3 46
,, 17	8 0	8 58	8 20	7 53	7 16	6 49	6 28	6 10	5 52	5 35	5 16	4 54	4 26	3 46
,, 24	8 4	9 3	8 24	7 57	7 19	6 53	6 32	6 13	5 56	5 38	5 19	4 57	4 28	3 48
,, 31	8 6	9 4	8 26	7 59	7 22	6 56	6 35	6 16	5 59	5 41	5 23	5 1	4 33	3 53

Example:—To find the time of Sunrise in Jamaica (Latitude 18° N.) on Friday, June 30th, 1995. On June 25th, L.M.T. = 5h. 22m. + $\frac{3}{10}$ × 19m. = 5h. 26m., on July 2nd L.M.T. = 5h. 24m. + $\frac{3}{10}$ × 19m. = 5h. 28m., therefore L.M.T. on June 30th = 5h. 26m. + $\frac{5}{7}$ × 2m. = 5h. 27m. A.M.

41

LOCAL MEAN TIME OF SUNSET FOR LATITUDES
60° North to 50° South
FOR ALL SUNDAYS IN 1995. (ALL TIMES ARE P.M.)

Date	LONDON	NORTHERN LATITUDES							SOUTHERN LATITUDES				
		60°	55°	50°	40°	30°	20°	10°	0°	10°	20°	30°	40°	50°
	H M	H M	H M	H M	H M	H M	H M	H M	H M	H M	H M	H M	H M	H M
Jan. 1	4 0	3 4	3 42	4 8	4 45	5 11	5 32	5 50	6 7	6 24	6 42	7 4	7 32	8 12
,, 8	4 9	3 15	3 51	4 16	4 51	5 16	5 36	5 54	6 10	6 26	6 44	7 5	7 32	8 10
,, 15	4 19	3 30	4 2	4 25	4 58	5 22	5 41	5 57	6 13	6 28	6 45	7 5	7 30	8 6
,, 22	4 30	3 46	4 15	4 36	5 6	5 28	5 45	6 1	6 15	6 29	6 45	7 3	7 26	7 59
,, 29	4 43	4 4	4 29	4 48	5 14	5 34	5 50	6 4	6 17	6 30	6 44	7 1	7 22	7 51
Feb. 5	4 56	4 22	4 44	5 0	5 23	5 40	5 54	6 6	6 18	6 29	6 42	6 57	7 15	7 40
,, 12	5 8	4 41	4 58	5 12	5 31	5 46	5 58	6 8	6 18	6 28	6 38	6 51	7 7	7 28
,, 19	5 21	4 59	5 13	5 24	5 40	5 51	6 1	6 9	6 18	6 26	6 35	6 45	6 58	7 15
,, 26	5 33	5 17	5 28	5 35	5 47	5 56	6 4	6 10	6 17	6 23	6 30	6 38	6 48	7 1
Mar. 5	5 46	5 35	5 42	5 47	5 55	6 1	6 6	6 11	6 15	6 20	6 25	6 30	6 38	6 48
,, 12	5 57	5 52	5 56	5 59	6 2	6 6	6 8	6 11	6 13	6 16	6 18	6 22	6 26	6 32
,, 19	6 10	6 9	6 10	6 10	6 10	6 10	6 11	6 11	6 12	6 12	6 13	6 14	6 16	6 18
,, 26	6 22	6 26	6 23	6 21	6 17	6 14	6 12	6 11	6 9	6 8	6 7	6 5	6 4	6 2
Apr. 2	6 33	6 44	6 37	6 32	6 24	6 19	6 14	6 10	6 7	6 3	6 0	5 56	5 51	5 45
,, 9	6 45	7 1	6 50	6 43	6 31	6 23	6 16	6 10	6 5	6 0	5 55	5 49	5 42	5 32
,, 16	6 57	7 18	7 4	6 54	6 38	6 27	6 18	6 10	6 3	5 57	5 49	5 41	5 31	5 18
,, 23	7 8	7 35	7 18	7 4	6 45	6 31	6 20	6 11	6 2	5 53	5 44	5 33	5 21	5 4
,, 30	7 19	7 52	7 31	7 15	6 52	6 36	6 23	6 11	6 1	5 51	5 40	5 27	5 12	4 51
May 7	7 31	8 10	7 44	7 26	6 59	6 40	6 25	6 12	6 0	5 48	5 35	5 21	5 3	4 39
,, 14	7 42	8 27	7 57	7 36	7 6	6 45	6 28	6 13	6 0	5 47	5 32	5 16	4 56	4 28
,, 21	7 53	8 43	8 9	7 46	7 13	6 49	6 31	6 15	6 0	5 45	5 29	5 12	4 50	4 19
,, 28	8 2	8 58	8 21	7 55	7 19	6 54	6 34	6 17	6 1	5 45	5 28	5 9	4 45	4 12
June 4	8 9	9 10	8 30	8 2	7 24	6 57	6 36	6 18	6 2	5 45	5 27	5 7	4 42	4 6
,, 11	8 15	9 20	8 37	8 8	7 28	7 1	6 39	6 20	6 3	5 46	5 28	5 7	4 42	4 4
,, 18	8 19	9 26	8 42	8 12	7 31	7 3	6 41	6 22	6 4	5 47	5 29	5 7	4 41	4 3
,, 25	8 21	9 28	8 43	8 13	7 32	7 4	6 42	6 24	6 6	5 48	5 30	5 8	4 42	4 4
July 2	8 20	9 25	8 42	8 12	7 33	7 5	6 43	6 25	6 7	5 51	5 33	5 12	4 46	4 9
,, 9	8 16	9 18	8 38	8 9	7 31	7 4	6 43	6 25	6 8	5 52	5 35	5 14	4 49	4 13
,, 16	8 11	9 8	8 30	8 4	7 28	7 2	6 42	6 25	6 9	5 54	5 37	5 18	4 54	4 21
,, 23	8 3	8 54	8 20	7 56	7 23	6 59	6 41	6 25	6 10	5 55	5 39	5 21	4 59	4 28
,, 30	7 53	8 38	8 9	7 47	7 17	6 55	6 38	6 23	6 10	5 56	5 41	5 25	5 4	4 37
Aug. 6	7 41	8 21	7 55	7 36	7 9	6 50	6 35	6 22	6 9	5 57	5 44	5 29	5 11	4 46
,, 13	7 28	8 2	7 40	7 24	7 1	6 44	6 30	6 19	6 8	5 58	5 47	5 34	5 19	4 57
,, 20	7 15	7 42	7 24	7 11	6 51	6 37	6 26	6 16	6 7	5 58	5 48	5 38	5 25	5 7
,, 27	7 0	7 22	7 7	6 57	6 41	6 29	6 20	6 12	6 5	5 58	5 50	5 41	5 31	5 17
Sept. 3	6 44	7 1	6 50	6 42	6 30	6 21	6 14	6 8	6 3	5 57	5 52	5 45	5 38	5 27
,, 10	6 28	6 40	6 32	6 27	6 19	6 13	6 8	6 4	6 0	5 57	5 53	5 49	5 44	5 38
,, 17	6 13	6 18	6 14	6 12	6 7	6 4	6 2	6 0	5 58	5 56	5 55	5 53	5 51	5 48
,, 24	5 56	5 57	5 56	5 56	5 56	5 56	5 56	5 56	5 56	5 56	5 56	5 57	5 58	5 59
Oct. 1	5 40	5 36	5 39	5 41	5 44	5 47	5 49	5 51	5 53	5 56	5 58	6 1	6 4	6 9
,, 8	5 25	5 15	5 21	5 26	5 33	5 38	5 43	5 47	5 51	5 55	6 0	6 5	6 11	6 20
,, 15	5 9	4 54	5 4	5 11	5 22	5 30	5 37	5 43	5 49	5 55	6 2	6 10	6 19	6 32
,, 22	4 54	4 34	4 47	4 57	5 12	5 23	5 32	5 40	5 48	5 56	6 4	6 14	6 26	6 43
,, 29	4 40	4 15	4 31	4 44	5 3	5 16	5 28	5 38	5 47	5 57	6 7	6 19	6 34	6 55
Nov. 5	4 28	3 56	4 17	4 32	4 54	5 11	5 24	5 36	5 47	5 59	6 11	6 25	6 42	7 7
,, 12	4 17	3 40	4 4	4 21	4 47	5 6	5 21	5 35	5 48	6 1	6 14	6 30	6 50	7 18
,, 19	4 7	3 24	3 52	4 12	4 42	5 3	5 20	5 35	5 49	6 3	6 19	6 37	6 59	7 30
,, 26	3 59	3 12	3 43	4 6	4 38	5 1	5 19	5 35	5 51	6 6	6 22	6 42	7 6	7 41
Dec. 3	3 54	3 2	3 36	4 1	4 35	5 0	5 20	5 37	5 53	6 10	6 27	6 48	7 14	7 51
,, 10	3 51	2 55	3 32	3 58	4 35	5 0	5 21	5 39	5 56	6 14	6 32	6 54	7 21	8 0
,, 17	3 52	2 53	3 32	3 59	4 36	5 2	5 24	5 42	6 0	6 18	6 36	6 58	7 26	8 7
,, 24	3 55	2 55	3 34	4 2	4 39	5 6	5 27	5 46	6 3	6 20	6 39	7 1	7 29	8 10
,, 31	4 0	3 2	3 40	4 7	4 44	5 10	5 31	5 49	6 6	6 23	6 40	7 2	7 32	8 12

Example:—To find the time of Sunset in Canberra (Latitude 35°.3 S.) on Wednesday, August 2nd, 1995. On July 30th, L.M.T. = 5h. 25m. — $\frac{5\cdot 3}{10} \times 20$ m. = 5h. 14m., on August 6th, L.M.T. = 5h. 29m. — $\frac{5\cdot 3}{10} \times 18$ m. = 5h. 19 m., therefore L.M.T. on August 2nd = 5h. 14m. + $\frac{3}{7} \times 5$m. = 5h. 16m. P.M.

TABLES OF HOUSES FOR LONDON, Latitude 51° 32′ N.

Sidereal Time.	10 ♈	11 ♉	12 ♊	Ascen ♋	2 ♌	3 ♍	Sidereal Time.	10 ♉	11 ♊	12 ♋	Ascen ♌	2 ♍	3 ♎	Sidereal Time.	10 ♊	11 ♋	12 ♌	Ascen ♍	2 ♎	3 ♏
H. M. S.	°	°	°	° ′	°	°	H. M. S.	°	°	°	° ′	°	°	H. M. S.	°	°	°	° ′	°	°
0 0 0	0	9	22	26 36	12	3	1 51 37	0	9	17	16 28	4	28	3 51 15	0	8	11	7 21	28	25
0 3 40	1	10	23	27 17	13	3	1 55 27	1	10	18	17 8	5	29	3 55 25	1	9	12	8 5	29	26
0 7 20	2	11	24	27 56	14	4	1 59 17	2	11	19	17 48	6	♎	3 59 36	2	10	12	8 49	♎	27
0 11 0	3	12	25	28 42	15	5	2 3 8	3	12	19	18 28	7	1	4 3 48	3	10	13	9 33	1	28
0 14 41	4	13	25	29 17	15	6	2 6 59	4	13	20	19 9	8	2	4 8 0	4	11	14	10 17	2	29
0 18 21	5	14	26	29 55	16	7	2 10 51	5	14	21	19 49	9	2	4 12 13	5	12	15	11 2	2	♏
0 22 2	6	15	27	0♌34	17	8	2 14 44	6	15	22	20 29	9	3	4 16 26	6	13	16	11 46	3	1
0 25 42	7	16	28	1 14	18	8	2 18 37	7	16	22	21 10	10	4	4 20 40	7	14	17	12 30	4	2
0 29 23	8	17	29	1 55	18	9	2 22 31	8	17	23	21 51	11	5	4 24 55	8	15	17	13 15	5	3
0 33 4	9	18	♋	2 33	19	10	2 26 25	9	18	24	22 32	11	6	4 29 10	9	16	18	14 0	6	4
0 36 45	10	19	1	3 14	20	11	2 30 20	10	19	25	23 14	12	7	4 33 26	10	17	19	14 45	7	5
0 40 26	11	20	1	3 54	20	12	2 34 16	11	20	25	23 55	13	8	4 37 42	11	18	20	15 30	8	6
0 44 8	12	21	2	4 33	21	13	2 38 13	12	21	26	24 36	14	9	4 41 59	12	19	21	16 15	8	7
0 47 50	13	22	3	5 12	22	14	2 42 10	13	22	27	25 17	15	10	4 46 16	13	20	21	17 0	9	8
0 51 32	14	23	4	5 52	23	15	2 46 8	14	23	28	25 58	15	11	4 50 34	14	21	22	17 45	10	9
0 55 14	15	24	5	6 30	23	15	2 50 7	15	24	29	26 40	16	12	4 54 52	15	22	23	18 30	11	10
0 58 57	16	25	6	7 9	24	16	2 54 7	16	25	29	27 22	17	12	4 59 10	16	23	24	19 16	12	11
1 2 40	17	26	6	7 50	25	17	2 58 7	17	26	♌	28 4	18	13	5 3 29	17	24	25	20 3	13	12
1 6 23	18	27	7	8 30	26	18	3 2 8	18	27	1	28 46	18	14	5 7 49	18	25	26	20 49	14	13
1 10 7	19	28	8	9 9	26	19	3 6 9	19	27	2	29 28	19	15	5 12 9	19	25	27	21 35	14	14
1 13 51	20	29	9	9 48	27	19	3 10 12	20	28	3	0♍12	20	16	5 16 29	20	26	28	22 22	20	15
1 17 35	21	♊	10	10 28	28	20	3 14 15	21	29	3	0 54	21	17	5 20 49	21	27	28	23 8	6	16
1 21 20	22	1	10	11 8	28	21	3 18 19	22	♋	4	1 36	22	18	5 25 9	22	28	29	23 54	17	17
1 25 6	23	2	11	11 48	29	22	3 22 23	23	1	5	2 20	22	19	5 29 30	23	29	♏	24 37	18	17
1 28 52	24	3	12	12 28	♍	23	3 26 29	24	2	6	3 2	23	20	5 33 51	24	♌	1	25 23	19	18
1 32 38	25	4	13	13 8	1	24	3 30 35	25	3	7	3 45	24	21	5 38 12	25	1	2	26 9	20	19
1 36 25	26	5	14	13 48	1	25	3 34 41	26	4	7	4 28	25	22	5 42 34	26	2	3	26 55	21	20
1 40 12	27	6	14	14 28	2	25	3 38 49	27	5	8	5 11	26	23	5 46 55	27	3	4	27 41	21	21
1 44 0	28	7	15	15 8	3	26	3 42 57	28	6	9	5 54	27	24	5 51 17	28	4	4	28 27	22	22
1 47 48	29	8	16	15 48	4	27	3 47 6	29	7	10	6 38	27	25	5 55 38	29	5	5	29 13	23	23
1 51 37	30	9	17	16 28	4	28	3 51 15	30	8	11	7 21	28	25	6 0 0	30	6	6	30 0	24	24

Sidereal Time.	10 ♋	11 ♌	12 ♍	Ascen ♎	2 ♎	3 ♏	Sidereal Time.	10 ♌	11 ♍	12 ♎	Ascen ♎	2 ♏	3 ♐	Sidereal Time.	10 ♍	11 ♎	12 ♎	Ascen ♏	2 ♐	3 ♑
H. M. S.	°	°	°	° ′	°	°	H. M. S.	°	°	°	° ′	°	°	H. M. S.	°	°	°	° ′	°	°
6 0 0	0	6	6	0 24	24	24	8 8 45	0	5	2	22 40	19	22	10 8 23	0	2	26	13 33	13	20
6 4 22	1	7	7	0 47	25	25	8 12 54	1	5	3	23 24	20	23	10 12 12	1	3	26	14 13	14	21
6 8 43	2	8	8	1 33	26	26	8 17 3	2	6	3	24 7	21	24	10 16 0	2	4	27	14 53	15	22
6 13 5	3	9	9	2 19	27	27	8 21 11	3	7	4	24 50	22	25	10 19 48	3	5	28	15 33	15	23
6 17 26	4	10	10	3 5	27	28	8 25 19	4	8	5	25 34	23	26	10 23 35	4	5	29	16 13	16	24
6 21 48	5	11	10	3 51	28	29	8 29 26	5	9	6	26 18	23	27	10 27 22	5	6	29	16 52	17	25
6 26 9	6	12	11	4 37	29	♐	8 33 31	6	10	7	27 1	24	28	10 31 8	6	7	♏	17 32	18	26
6 30 30	7	13	12	5 23	♏	1	8 37 37	7	11	8	27 44	25	29	10 34 54	7	8	1	18 12	19	27
6 34 51	8	14	13	6 9	1	2	8 41 41	8	12	8	28 26	26	♑	10 38 40	8	9	2	18 52	20	28
6 39 11	9	15	14	6 55	2	3	8 45 45	9	13	9	29 8	27	1	10 42 25	9	10	2	19 31	20	29
6 43 31	10	16	15	7 40	2	4	8 49 48	10	14	10	29 50	27	2	10 46 9	10	11	3	20 11	21	♒
6 47 51	11	16	16	8 26	3	4	8 53 51	11	15	11	0♏32	28	3	10 49 53	11	11	4	20 50	22	1
6 52 11	12	17	16	9 12	4	5	8 57 52	12	16	12	1 15	29	4	10 53 37	12	12	4	21 30	23	2
6 56 31	13	18	17	9 58	5	6	9 1 53	13	17	12	1 58	♐	4	10 57 20	13	13	5	22 9	24	3
7 0 50	14	19	18	10 43	6	7	9 5 53	14	18	13	2 39	1	5	11 1 3	14	14	6	22 48	24	4
7 5 8	15	20	19	11 28	7	8	9 9 53	15	18	14	3 21	1	6	11 4 46	15	15	7	23 28	25	5
7 9 26	16	21	20	12 14	8	9	9 13 52	16	19	15	4 3	2	7	11 8 28	16	16	7	24 8	26	6
7 13 44	17	22	21	12 59	8	10	9 17 50	17	20	16	4 44	3	8	11 12 10	17	17	8	24 47	27	7
7 18 1	18	23	22	13 45	9	11	9 21 47	18	21	16	5 26	3	8	11 15 52	18	17	9	25 27	28	9
7 22 18	19	24	23	14 30	10	12	9 25 44	19	22	17	6 7	4	10	11 19 34	19	18	10	26 6	29	10
7 26 34	20	25	24	15 15	11	13	9 29 40	20	23	18	6 48	5	11	11 23 15	20	19	10	26 45	♑	11
7 30 50	21	26	25	16 0	12	14	9 33 35	21	24	18	7 29	5	12	11 26 56	21	20	11	27 25	0	12
7 35 5	22	27	25	16 45	13	15	9 37 29	22	25	19	8 9	6	13	11 30 37	22	21	12	28 5	1	13
7 39 20	23	28	26	17 30	13	16	9 41 23	23	26	20	8 50	7	14	11 34 18	23	22	13	28 44	2	14
7 43 34	24	29	27	18 15	14	17	9 45 16	24	27	21	9 31	8	15	11 37 58	24	23	13	29 24	3	15
7 47 47	25	♍	28	18 59	15	18	9 49 9	25	28	22	10 11	9	16	11 41 39	25	23	14	0♐ 3	4	16
7 52 0	26	1	29	19 43	16	19	9 53 1	26	28	23	10 51	9	17	11 45 19	26	24	15	0 43	5	17
7 56 12	27	2	29	20 27	17	20	9 56 52	27	29	23	11 32	10	18	11 49 0	27	25	15	1 23	6	18
8 0 24	28	3	♎	21 11	18	20	10 0 43	28	♎	24	12 11	11	19	11 52 40	28	26	16	2 3	6	19
8 4 35	29	4	1	21 56	18	21	10 4 32	29	1	25	12 53	12	20	11 56 20	29	27	17	2 43	7	20
8 8 45	30	5	2	22 40	19	22	10 8 2	30	2	26	13 33	13	20	12 0 0	30	27	17	3 23	8	21

TABLES OF HOUSES FOR LONDON, Latitude 51° 32′ N.

Sidereal Time.	10 ♎	11 ♎	12 ♏	Ascen ♐	2 ♑	3 ♒	Sidereal Time.	10 ♏	11 ♏	12 ♐	Ascen ♐	2 ♒	3 ♓	Sidereal Time.	10 ♐	11 ♐	12 ♑	Ascen ♑	2 ♓	3 ♈
H. M. S.	°	°	°	° ′	°	°	H. M. S.	°	°	°	° ′	°	°	H. M. S.	°	°	°	° ′	°	°
12 0 0	0	27	17	3 23	8	21	13 51 37	0	22	10	25 20	10	27	15 51 15	0	18	6	27 15	26	6
12 3 40	1	28	18	4 4	9	23	13 55 27	1	23	11	26 10	11	28	15 55 25	1	19	7	28 42	28	7
12 7 20	2	29	19	4 45	10	24	13 59 17	2	24	11	27 2	12	♈	15 59 36	2	20	8	0♒11	♈	9
12 11 0	3	♏	20	5 26	11	25	14 3 8	3	25	12	27 53	14	1	16 3 48	3	21	9	1 42	2	10
12 14 41	4	1	20	6 7	12	26	14 6 59	4	26	13	28 45	15	2	16 8 0	4	22	10	3 16	3	11
12 18 21	5	1	21	6 48	13	27	14 10 51	5	26	14	29 36	16	4	16 12 13	5	23	11	4 53	5	12
12 22 2	6	2	22	7 29	14	28	14 14 44	6	27	15	0♑29	18	5	16 16 26	6	24	12	6 32	7	14
12 25 42	7	3	23	8 10	15	29	14 18 37	7	28	15	1 23	19	6	16 20 40	7	25	13	8 13	9	15
12 29 23	8	4	23	8 51	16	♓	14 22 31	8	29	16	2 18	20	8	16 24 55	8	26	14	9 57	11	16
12 33 4	9	5	24	9 33	17	2	14 26 25	9	♐	17	3 14	22	9	16 29 10	9	27	16	11 44	12	17
12 36 45	10	6	25	10 15	18	3	14 30 20	10	1	18	4 11	23	10	16 33 26	10	28	17	13 34	14	18
12 40 26	11	6	25	10 57	19	4	14 34 16	11	2	19	5 9	25	11	16 37 42	11	29	18	15 26	16	20
12 44 8	12	7	26	11 40	20	5	14 38 13	12	2	20	6 7	26	13	16 41 59	12	♑	19	17 20	18	21
12 47 50	13	8	27	12 22	21	6	14 42 10	13	3	20	7 6	28	14	16 46 16	13	1	20	19 18	20	22
12 51 32	14	9	28	13 4	22	7	14 46 8	14	4	21	8 6	29	15	16 50 34	14	2	21	21 22	21	23
12 55 14	15	10	28	13 47	23	9	14 50 7	15	5	22	9 8	♓	17	16 54 52	15	3	22	23 29	23	25
12 58 57	16	11	29	14 30	24	10	14 54 7	16	6	23	10 11	2	18	16 59 10	16	4	24	25 36	25	26
13 2 40	17	11	♐	15 14	25	11	14 58 7	17	7	24	11 15	4	19	17 3 29	17	5	25	27 46	27	27
13 6 23	18	12	1	15 59	26	12	15 2 8	18	8	25	12 20	6	21	17 7 49	18	6	26	0♈ 0	28	28
13 10 7	19	13	1	16 44	27	13	15 6 9	19	9	26	13 27	8	22	17 12 9	19	7	27	2 19	♈	29
13 13 51	20	14	2	17 29	28	15	15 10 12	20	9	27	14 35	9	23	17 16 29	20	8	29	4 40	2	♉
13 17 35	21	15	3	18 14	29	16	15 14 15	21	10	27	15 43	11	24	17 20 49	21	9	♒	7 2	3	1
13 21 20	22	16	4	19 0	♈	17	15 18 19	22	11	28	16 52	13	26	17 25 9	22	10	1	9 26	5	2
13 25 6	23	16	4	19 45	1	18	15 22 23	23	12	29	18 3	14	27	17 29 30	23	11	3	11 54	7	3
13 28 52	24	17	5	20 31	2	20	15 26 29	24	13	♐	19 16	16	2	17 33 51	24	12	4	14 24	8	5
13 32 38	25	18	6	21 18	4	21	15 30 35	25	14	1	20 32	17	29	17 38 12	25	13	5	17 0	10	6
13 36 25	26	19	7	22 6	5	22	15 34 41	26	15	2	21 48	19	8	17 42 34	26	14	7	19 33	11	7
13 40 12	27	20	7	22 54	6	23	15 38 49	27	16	3	23 8	21	2	17 46 55	27	15	8	22 6	13	8
13 44 0	28	21	8	23 42	7	25	15 42 57	28	17	4	24 29	22	3	17 51 17	28	16	10	24 40	14	9
13 47 48	29	21	9	24 31	8	26	15 47 6	29	18	5	25 51	24	5	17 55 38	29	17	11	27 20	16	10
13 51 37	30	22	10	25 20	9	27	15 51 15	30	18	6	27 15	26	6	18 0 0	30	18	13	30 0	17	11

Sidereal Time.	10 ♑	11 ♑	12 ♒	Ascen ♈	2 ♉	3 ♊	Sidereal Time.	10 ♒	11 ♒	12 ♈	Ascen ♊	2 ♊	3 ♋	Sidereal Time.	10 ♓	11 ♈	12 ♉	Ascen ♋	2 ♋	3 ♌
H. M. S.	°	°	°	° ′	°	°	H. M. S.	°	°	°	° ′	°	°	H. M. S.	°	°	°	° ′	°	°
18 0 0	0	18	13	0 0	17	11	20 8 45	0	24	4	2 45	24	12	22 8 23	0	3	20	4 38	20	8
18 4 22	1	20	14	2 39	19	13	20 12 54	1	25	6	4 9	25	12	22 12 12	1	4	21	5 28	21	8
18 8 43	2	21	16	5 19	20	14	20 17 3	2	27	7	5 32	26	13	22 16 0	2	6	23	6 17	22	9
18 13 5	3	22	17	7 55	22	15	20 21 11	3	28	9	6 53	27	14	22 19 48	3	7	24	7 5	23	10
18 17 26	4	23	19	10 29	23	16	20 25 19	4	29	11	8 12	28	15	22 23 35	4	8	25	7 53	23	11
18 21 48	5	24	20	13 2	25	17	20 29 26	5	♓	13	9 27	29	16	22 27 22	5	9	26	8 42	24	12
18 26 9	6	25	22	15 36	26	18	20 33 31	6	2	14	10 43	♋	17	22 31 8	6	10	28	9 29	25	13
18 30 30	7	26	23	18 6	28	19	20 37 37	7	3	16	11 58	1	18	22 34 54	7	12	29	10 16	26	14
18 34 51	8	27	25	20 34	29	20	20 41 41	8	4	18	13 9	2	19	22 38 40	8	13	♊	11 2	26	14
18 39 11	9	29	27	22 59	♊	21	20 45 45	9	6	19	14 18	3	20	22 42 25	9	14	1	11 47	27	15
18 43 31	10	♒	28	25 22	1	22	20 49 48	10	7	21	15 25	3	21	22 46 9	10	15	2	12 31	28	16
18 47 51	11	1	♓	27 42	2	23	20 53 51	11	8	23	16 31	4	22	22 49 53	11	17	3	13 16	29	17
18 52 11	12	2	2	29 58	4	24	20 57 52	12	9	24	17 39	5	22	22 57 37	12	18	4	14 1	29	18
18 56 31	13	3	3	2 8	5	25	21 1 53	13	11	26	18 44	6	23	22 57 20	13	19	5	14 45	♌	19
19 0 50	14	4	5	4 24	6	26	21 5 53	14	12	29	19 48	7	24	23 1 3	14	20	6	15 28	1	19
19 5 8	15	6	7	6 30	8	27	21 9 53	15	13	29	20 51	8	25	23 4 46	15	21	7	16 11	2	20
19 9 26	16	7	9	8 36	9	28	21 13 52	16	15	8	21 53	9	26	23 8 28	16	23	8	16 54	2	21
19 13 44	17	8	10	10 40	10	29	21 17 50	17	16	2	22 55	10	27	23 12 10	17	24	9	17 37	3	22
19 18 1	18	9	12	12 39	11	♋	21 21 47	18	17	4	23 52	10	28	23 15 52	18	25	10	18 20	4	23
19 22 18	19	10	14	14 35	12	1	21 25 44	19	19	5	24 52	11	29	23 19 34	19	26	11	19 3	5	24
19 26 34	20	12	16	16 28	13	2	21 29 40	20	20	7	25 48	12	29	23 23 15	20	27	12	19 45	5	24
19 30 50	21	13	18	18 17	14	3	21 33 35	21	22	8	26 44	13	♌	23 26 56	21	29	13	20 26	6	25
19 35 5	22	14	20	20 3	16	4	21 37 29	22	23	10	27 40	14	1	23 30 37	22	♉	14	21 8	7	26
19 39 20	23	15	21	21 48	17	5	21 41 23	23	24	11	28 34	15	2	23 34 18	23	1	15	21 50	7	27
19 43 34	24	16	23	23 29	18	6	21 45 16	24	25	13	29 29	15	3	23 37 58	24	2	16	22 31	8	28
19 47 47	25	18	25	25 9	19	7	21 49 9	25	26	14	0♋22	16	4	23 41 39	25	3	17	23 12	9	28
19 52 0	26	19	27	26 45	20	8	21 53 1	26	28	15	1 15	17	4	23 45 19	26	4	18	23 53	9	29
19 56 12	27	20	28	28 18	21	9	21 56 52	27	29	16	2 7	18	5	23 49 0	27	5	19	24 32	10	♍
20 0 24	28	21	♈	29 49	22	10	22 0 43	28	♈	18	2 57	19	6	23 52 40	28	6	20	25 15	11	1
20 4 35	29	23	2	1 ♉19	23	11	22 4 33	29	2	19	3 48	19	7	23 56 20	29	8	21	25 56	12	2
20 8 45	30	24	4	2 45	24	12	22 8 23	30	3	20	4 38	20	8	24 0 0	30	9	22	26 36	13	3

TABLES OF HOUSES FOR LIVERPOOL, Latitude 53° 25′ N.

Sidereal Time	10 ♈	11 ♉	12 ♊	Ascen ♋		2 ♌	3 ♍	Sidereal Time	10 ♉	11 ♊	12 ♋	Ascen ♌		2 ♍	3 ♎	Sidereal Time	10 ♊	11 ♋	12 ♌	Ascen ♍		2 ♎	3 ♏
H. M. S.	°	°	°	°	′	°	°	H. M. S.	°	°	°	°	′	°	°	H. M. S.	°	°	°	°	′	°	°
0 0 0	0	9	24	28	12	14	3	1 51 37	0	10	18	17	32	5	28	3 51 15	0	9	12	7	55	28	25
0 3 40	1	10	25	28	51	14	4	1 55 27	1	11	19	18	11	6	29	3 55 25	1	10	13	8	37	29	26
0 7 20	2	12	25	29	30	15	4	1 59 17	2	12	20	18	51	6	♎	3 59 36	2	11	13	9	20	♎	27
0 11 0	3	13	26	0 ♌	9	16	5	2 3 8	3	13	21	19	30	7	1	4 3 48	3	12	14	10	3	1	28
0 14 41	4	14	27	0	48	17	6	2 6 59	4	14	22	20	9	8	2	4 8 0	4	12	15	10	46	2	29
0 18 21	5	15	28	1	27	17	7	2 10 51	5	15	22	20	49	9	2	4 12 13	5	13	16	11	30	2	♏
0 22 2	6	16	29	2	6	18	8	2 14 44	6	16	23	21	28	9	3	4 16 26	6	14	17	12	13	3	1
0 25 42	7	17	♋	2	44	19	9	2 18 37	7	17	24	22	8	10	4	4 20 40	7	15	18	12	56	4	2
0 29 23	8	18	1	3	22	19	10	2 22 31	8	18	25	22	48	11	5	4 24 55	8	16	18	13	40	5	3
0 33 4	9	19	1	4	1	20	10	2 26 25	9	19	25	23	28	12	6	4 29 10	9	17	19	14	24	6	4
0 36 45	10	20	2	4	39	21	11	2 30 20	10	20	26	24	8	12	7	4 33 26	10	18	20	15	8	7	5
0 40 26	11	21	3	5	18	22	12	2 34 16	11	21	27	24	48	13	8	4 37 42	11	19	21	15	52	7	6
0 44 8	12	22	4	5	56	22	13	2 38 13	12	22	28	25	28	14	9	4 41 59	12	20	21	16	36	8	6
0 47 50	13	23	5	6	34	23	14	2 42 10	13	23	29	26	8	15	10	4 46 16	13	21	22	17	20	9	7
0 51 32	14	24	6	7	13	24	14	2 46 8	14	24	29	26	49	15	10	4 50 34	14	22	23	18	4	10	8
0 55 14	15	25	6	7	51	24	15	2 50 7	15	25	♌	27	29	16	11	4 54 52	15	23	24	18	48	11	9
0 58 57	16	26	7	8	30	25	16	2 54 7	16	26	1	28	10	17	12	4 59 10	16	24	25	19	32	12	10
1 2 40	17	27	8	9	8	26	17	2 58 7	17	27	2	28	51	18	13	5 3 29	17	24	26	20	17	12	11
1 6 23	18	28	9	9	47	26	18	3 2 8	18	28	2	29	32	19	14	5 7 49	18	25	26	21	1	13	12
1 10 7	19	29	10	10	25	27	19	3 6 9	19	29	3	0 ♍	13	19	15	5 12 9	19	26	27	21	46	14	13
1 13 51	20	♊	11	11	4	28	19	3 10 12	20	29	4	0	54	20	16	5 16 29	20	27	28	22	31	15	14
1 17 35	21	1	11	11	43	28	20	3 14 15	21	♋	5	1	36	21	17	5 20 49	21	28	29	23	16	16	15
1 21 20	22	2	12	12	21	29	21	3 18 19	22	1	5	2	17	22	18	5 25 9	22	29	♍	24	0	17	16
1 25 6	23	3	13	13	0	♍	22	3 22 23	23	2	6	2	59	23	19	5 29 30	23	♌	1	24	45	18	17
1 28 52	24	4	14	13	39	1	23	3 26 29	24	3	7	3	41	23	20	5 33 51	24	1	1	25	30	18	18
1 32 38	25	5	15	14	17	1	24	3 30 35	25	4	8	4	23	24	21	5 38 12	25	2	2	26	15	19	19
1 36 25	26	6	15	14	56	2	25	3 34 41	26	5	9	5	5	25	22	5 42 34	26	3	3	27	0	20	20
1 40 12	27	7	16	15	35	3	25	3 38 49	27	6	10	5	47	26	22	5 46 55	27	4	4	27	45	21	21
1 44 0	28	8	17	16	14	3	26	3 42 57	28	7	10	6	29	27	23	5 51 17	28	5	5	28	30	22	21
1 47 48	29	9	18	16	53	4	27	3 47 6	29	8	11	7	12	27	24	5 55 38	29	6	6	29	15	23	22
1 51 37	30	10	18	17	32	5	28	3 51 15	30	9	12	7	55	28	25	6 0 0	30	7	7	30	0	23	23

Sidereal Time	10 ♋	11 ♌	12 ♍	Ascen ♎		2 ♎	3 ♏	Sidereal Time	10 ♌	11 ♍	12 ♎	Ascen ♎		2 ♏	3 ♐	Sidereal Time	10 ♍	11 ♎	12 ♎	Ascen ♏		2 ♐	3 ♑
H. M. S.	°	°	°	°	′	°	°	H. M. S.	°	°	°	°	′	°	°	H. M. S.	°	°	°	°	′	°	°
6 0 0	0	7	7	0	23	23	23	8 8 45	0	5	2	22	5	18	21	10 8 23	0	2	25	12	28	11	19
6 4 22	1	8	7	0	45	24	24	8 12 54	1	6	2	22	48	19	22	10 12 12	1	3	26	13	6	12	20
6 8 43	2	9	8	1	30	25	25	8 17 3	2	7	3	23	30	20	23	10 16 0	2	4	27	13	45	13	21
6 13 5	3	9	9	2	15	26	26	8 21 11	3	8	4	24	13	20	24	10 19 48	3	4	27	14	25	14	22
6 17 26	4	10	10	3	0	27	27	8 25 19	4	8	5	24	55	21	25	10 23 35	4	5	28	15	4	15	23
6 21 48	5	11	11	3	45	28	28	8 29 26	5	9	6	25	37	22	26	10 27 22	5	6	29	15	42	15	24
6 26 9	6	12	12	4	30	29	29	8 33 31	6	10	7	26	19	23	27	10 31 8	6	7	29	16	21	16	25
6 30 30	7	13	12	5	15	29	♐	8 37 37	7	11	7	27	1	24	28	10 34 54	7	8	♏	17	0	17	26
6 34 51	8	14	13	6	0	♏	1	8 41 41	8	12	8	27	43	25	29	10 38 40	8	9	1	17	39	18	27
6 39 11	9	15	14	6	44	1	2	8 45 45	9	13	9	28	24	25	♐	10 42 25	9	10	2	18	17	18	28
6 43 31	10	16	15	7	29	2	3	8 49 48	10	14	10	29	6	26	1	10 46 9	10	10	2	18	55	19	29
6 47 51	11	17	16	8	14	3	4	8 53 51	11	15	11	29	47	27	2	10 49 53	11	11	3	19	34	20	♒
6 52 11	12	18	17	8	59	4	5	8 57 52	12	16	11	0 ♏	28	28	3	10 53 37	12	12	4	20	13	21	1
6 56 31	13	19	18	9	43	4	6	9 1 53	13	17	12	1	9	28	3	10 57 20	13	13	4	20	52	22	2
7 0 50	14	20	18	10	27	5	6	9 5 53	14	18	13	1	50	29	4	11 1 3	14	14	5	21	30	22	3
7 5 8	15	21	19	11	11	6	7	9 9 53	15	19	14	2	31	♐	5	11 4 46	15	15	6	22	8	23	5
7 9 26	16	22	20	11	56	7	8	9 13 52	16	19	15	3	11	1	6	11 8 28	16	16	7	22	46	24	6
7 13 44	17	23	21	12	40	8	9	9 17 50	17	20	15	3	52	1	7	11 12 10	17	16	7	23	25	25	7
7 18 1	18	24	22	13	24	8	10	9 21 47	18	21	16	4	32	2	8	11 15 52	18	17	8	24	4	26	8
7 22 18	19	24	23	14	8	9	11	9 25 44	19	22	17	5	12	3	9	11 19 34	19	18	9	24	42	26	9
7 26 34	20	25	23	14	52	10	12	9 29 40	20	23	18	5	52	4	10	11 23 15	20	19	9	25	21	27	10
7 30 50	21	26	24	15	36	11	13	9 33 35	21	24	18	6	32	5	11	11 26 56	21	20	10	25	59	28	11
7 35 5	22	27	25	16	20	12	14	9 37 29	22	25	19	7	12	5	12	11 30 37	22	20	11	26	37	29	12
7 39 20	23	28	26	17	4	13	15	9 41 23	23	26	20	7	52	6	13	11 34 18	23	21	12	27	16	♑	13
7 43 34	24	29	27	17	47	13	16	9 45 16	24	27	21	8	32	7	14	11 37 58	24	22	12	27	54	1	14
7 47 47	25	♍	28	18	30	14	17	9 49 9	25	27	21	9	12	8	15	11 41 39	25	23	13	28	33	1	15
7 52 0	26	1	28	19	13	15	18	9 53 1	26	28	22	9	51	8	16	11 45 19	26	24	14	29	11	2	16
7 56 12	27	2	29	19	57	16	18	9 56 52	27	29	23	10	30	9	17	11 49 0	27	25	14	29	50	3	17
8 0 24	28	3	♎	20	40	17	19	10 0 43	28	♎	24	11	9	10	17	11 52 40	28	26	15	0 ♐	29	4	19
8 4 35	29	4	1	21	23	17	20	10 4 33	29	1	24	11	49	11	18	11 56 20	29	26	16	1	9	5	20
8 8 45	30	5	2	22	5	18	21	10 8 23	30	2	25	12	28	11	19	12 0 0	30	27	16	1	48	6	21

TABLES OF HOUSES FOR LIVERPOOL, Latitude 53° 25' N

Sidereal Time	10 ♎	11 ♏	12 ♏	Ascen ♐	2 ♑	3 ♒	Sidereal Time	10 ♏	11 ♏	12 ♐	Ascen ♐	2 ♒	3 ♓	Sidereal Time	10 ♐	11 ♐	12 ♑	Ascen ♑	2 ♓	3 ♉
H. M. S.	°	°	°	° '	°	°	H. M. S.	°	°	°	° '	°	°	H. M. S.	°	°	°	° '	°	°
12 0 0	0	27	16	1 48	6	21	13 51 37	0	21	8	23 6	8	27	15 51 15	0	17	4	24 15	26	7
12 3 40	1	28	17	2 27	7	22	13 55 27	1	22	9	23 55	9	28	15 55 25	1	18	5	25 41	28	8
12 7 20	2	29	18	3 6	8	23	13 59 17	2	23	10	24 43	10	♈	15 59 36	2	19	6	27 10	♈	9
12 11 0	3	♏	18	3 46	9	24	14 3 8	3	24	10	25 33	12	1	16 3 48	3	20	7	28 41	2	10
12 14 41	4	0	19	4 25	10	25	14 6 59	4	25	11	26 23	13	2	16 8 0	4	21	8	0♒14	4	12
12 18 21	5	1	20	5 6	10	26	14 10 51	5	26	12	27 14	15	4	16 12 13	5	22	9	1 50	5	13
12 22 2	6	2	21	5 46	11	28	14 14 44	6	26	13	28 6	16	5	16 16 26	6	23	10	3 30	7	14
12 25 42	7	3	21	6 26	12	29	14 18 37	7	27	13	28 59	18	6	16 20 40	7	24	11	5 13	9	15
12 29 23	8	4	22	7 6	13	♓	14 22 31	8	28	14	29 52	19	8	16 24 55	8	25	12	6 58	11	17
12 33 4	9	4	23	7 46	14	1	14 26 25	9	29	15	0♒46	20	9	16 29 10	9	26	13	8 46	13	18
12 36 45	10	5	24	8 27	15	2	14 30 20	10	♐	16	1 41	22	10	16 33 26	10	27	14	10 38	15	19
12 40 26	11	6	24	9 8	16	3	14 34 16	11	1	17	2 36	23	11	16 37 42	11	28	15	12 32	17	20
12 44 8	12	7	25	9 49	17	5	14 38 13	12	2	18	3 33	25	13	16 41 59	12	29	16	14 31	19	22
12 47 50	13	8	26	10 30	18	6	14 42 10	13	2	18	4 30	26	14	16 46 16	13	♑	18	16 33	20	23
12 51 32	14	9	26	11 12	19	7	14 46 8	14	3	19	5 29	28	16	16 50 34	14	1	19	18 40	22	24
12 55 14	15	9	27	11 54	20	8	14 50 7	15	4	20	6 29	♓	17	16 54 52	15	2	20	20 50	24	25
12 58 57	16	10	28	12 36	21	10	14 54 7	16	5	21	7 30	1	18	16 59 10	16	3	21	23 4	26	26
13 2 40	17	11	28	13 19	22	11	14 58 7	17	6	22	8 32	3	20	17 3 29	17	4	22	25 21	28	28
13 6 23	18	12	29	14 2	23	12	15 2 8	18	7	23	9 35	5	21	17 7 49	18	5	24	27 42	29	29
13 10 7	19	13	♐	14 45	25	13	15 6 9	19	8	24	10 39	6	22	17 12 9	19	6	25	0♓8	♉	♊
13 13 51	20	13	1	15 28	26	15	15 10 10	20	8	24	11 45	8	23	17 16 29	20	7	26	2 37	3	1
13 17 35	21	14	1	16 12	27	16	15 14 15	21	9	25	12 52	10	25	17 20 49	21	8	28	5 10	5	3
13 21 20	22	15	2	16 56	28	17	15 18 19	22	10	26	14 1	11	26	17 25 9	22	9	29	7 46	6	4
13 25 6	23	16	3	17 41	29	18	15 22 23	23	11	27	15 11	13	27	17 29 30	23	10	♒	10 24	8	5
13 28 52	24	17	4	18 26	♒	19	15 26 29	24	12	28	16 23	15	29	17 33 51	24	11	2	13 7	10	6
13 32 38	25	17	4	19 11	1	21	15 30 35	25	13	29	17 37	17	8	17 38 12	25	12	3	15 52	11	7
13 36 25	26	18	5	19 57	3	22	15 34 41	26	14	♑	18 53	19	1	17 42 34	26	13	4	18 38	13	8
13 40 12	27	19	6	20 44	4	23	15 38 49	27	15	1	20 10	21	3	17 46 55	27	14	6	21 27	15	9
13 44 0	28	20	7	21 31	5	24	15 42 57	28	16	2	21 29	22	4	17 51 17	28	15	7	24 17	16	10
13 47 48	29	21	7	22 18	7	26	15 47 6	29	16	3	22 51	24	5	17 55 38	29	16	9	27 8	18	12
13 51 37	30	21	8	23 6	8	27	15 51 15	30	17	4	24 15	26	7	18 0 0	30	17	11	30 0	19	13

Sidereal Time	10 ♑	11 ♑	12 ♒	Ascen ♈	2 ♉	3 ♊	Sidereal Time	10 ♒	11 ♒	12 ♈	Ascen ♉	2 ♊	3 ♋	Sidereal Time	10 ♓	11 ♈	12 ♉	Ascen ♊	2 ♋	3 ♌
H. M. S.	°	°	°	° '	°	°	H. M. S.	°	°	°	° '	°	°	H. M. S.	°	°	°	° '	°	°
18 0 0	0	17	11	0 0	19	13	20 8 45	0	23	4	5 45	26	13	22 8 23	0	3	22	6 54	22	8
18 4 22	1	18	12	2 52	21	14	20 12 54	1	25	6	7 9	27	14	22 12 12	1	4	23	7 42	23	9
18 8 43	2	20	14	5 43	23	15	20 17 3	2	26	8	8 31	28	14	22 16 0	2	5	25	8 29	23	10
18 13 5	3	21	15	8 33	24	16	20 21 11	3	27	9	9 50	29	15	22 19 48	3	7	26	9 16	24	11
18 17 26	4	22	17	11 22	25	17	20 25 19	4	29	11	7 ♋	16	22	22 23 35	4	8	27	10 3	25	12
18 21 48	5	23	19	14 8	27	18	20 29 26	5	♓	13	12 23	1	17	22 27 22	5	9	29	10 49	26	13
18 26 9	6	24	20	16 53	28	19	20 33 31	6	1	15	13 37	2	18	22 31 8	6	11	♊	11 34	26	13
18 30 30	7	25	22	19 36	♊	20	20 37 37	7	3	17	14 49	3	19	22 34 54	7	12	1	12 19	27	14
18 34 51	8	26	24	22 14	1	21	20 41 41	8	4	19	15 59	4	20	22 38 40	8	13	2	13 3	28	15
18 39 11	9	27	25	24 50	2	22	20 45 45	9	5	20	17 8	5	21	22 42 25	9	14	3	13 48	29	16
18 43 31	10	29	27	27 23	4	23	20 49 48	10	7	22	18 15	6	22	22 46 9	10	16	4	14 32	29	♍
18 47 51	11	♒	28	29 52	5	24	20 53 51	11	8	24	19 21	7	22	22 49 53	11	17	5	15 15	1	1
18 52 11	12	1	♓	2 ♉ 18	6	25	20 57 52	12	10	25	20 25	7	23	22 53 37	12	18	7	15 58	1	18
18 56 31	13	2	2	4 39	8	♋	21 1 53	13	11	27	21 28	8	24	22 57 20	13	19	8	16 41	2	19
19 0 50	14	4	4	6 56	9	27	21 5 53	14	12	29	22 30	9	25	23 1 3	14	20	9	17 24	2	20
19 5 8	15	5	6	9 10	10	28	21 9 52	15	13	♉	23 31	10	25	23 4 46	15	22	10	18 6	3	21
19 9 26	16	6	8	11 20	11	29	21 13 52	16	14	2	24 31	11	27	23 8 28	16	23	11	18 48	4	22
19 13 44	17	7	10	13 27	12	♋	21 17 50	17	16	4	25 30	12	28	23 12 10	17	24	12	19 30	4	23
19 18 1	18	8	11	15 29	14	1	21 21 47	18	17	5	26 27	12	29	23 15 52	18	25	13	20 11	5	23
19 22 18	19	9	13	17 28	15	2	21 25 44	19	18	7	27 24	13	29	23 19 34	19	27	14	20 52	6	24
19 26 34	20	11	15	19 22	16	3	21 29 40	20	20	8	28 19	14	♌	23 23 15	20	28	15	21 33	6	25
19 30 50	21	12	17	21 14	17	4	21 33 35	21	21	10	29 14	15	1	23 26 56	21	29	16	22 14	7	26
19 35 5	22	13	19	23 2	18	5	21 37 29	22	22	11	0♋8	16	2	23 30 37	22	♉	17	22 54	8	26
19 39 20	23	15	21	24 47	19	6	21 41 23	23	24	12	1 1	17	3	23 34 18	23	1	18	23 34	9	27
19 43 34	24	16	23	26 30	20	7	21 45 16	24	25	14	1 54	17	4	23 37 58	24	2	19	24 14	9	28
19 47 47	25	17	25	28 10	21	8	21 49 9	25	26	15	2 46	18	4	23 41 39	25	4	20	24 54	10	29
19 52 0	26	18	26	29 46	22	9	21 53 1	26	27	16	3 37	19	5	23 45 19	26	5	21	25 35	11	♍
19 56 12	27	20	28	1♊19	23	10	21 56 52	27	29	18	4 27	20	6	23 49 0	27	6	22	26 14	11	0
20 0 24	28	21	♈	2 50	24	11	22 0 43	28	♈	20	5 17	20	7	23 52 40	28	7	22	26 54	12	1
20 4 35	29	22	2	4 19	25	12	22 4 33	29	2	21	6 5	21	8	23 56 20	29	8	23	27 33	13	2
20 8 45	30	23	4	5 45	26	13	22 8 23	30	3	22	6 54	22	8	24 0 0	30	9	24	28 12	14	3

TABLES OF HOUSES FOR NEW YORK, Latitude 40° 43′ N.

Sidereal Time.	10 ♈	11 ♉	12 ♊	Ascen ♋		2 ♌	3 ♍	Sidereal Time.	10 ♉	11 ♊	12 ♋	Ascen ♌		2 ♍	3 ♎	Sidereal Time.	10 ♊	11 ♋	12 ♌	Ascen ♍		2 ♎	3 ♏
H. M. S.	°	°	°	°	′	°	°	H. M. S.	°	°	°	°	′	°	°	H. M. S.	°	°	°	°	′	°	°
0 0 0	0	6	15	18	53	8	1	1 51 37	0	6	11	11	8	2	28	3 51 15	0	5	7	4	32	28	27
0 3 40	1	7	16	19	38	9	2	1 55 27	1	7	12	11	53	3	29	3 55 25	1	6	8	5	22	29	28
0 7 20	2	8	17	20	23	10	3	1 59 17	2	8	13	12	38	4	♎	3 59 36	2	6	8	6	10	♎	29
0 11 0	3	9	18	21	12	11	4	2 3 8	3	9	14	13	22	5	1	4 3 48	3	7	9	7	0	1	♏
0 14 41	4	11	19	21	55	12	5	2 6 59	4	10	15	14	8	5	2	4 8 0	4	8	10	7	49	2	1
0 18 21	5	12	20	22	40	12	5	2 10 51	5	11	15	14	53	6	3	4 12 13	5	9	11	8	40	3	2
0 22 2	6	13	21	23	24	13	6	2 14 44	6	12	16	15	39	7	4	4 16 26	6	10	12	9	30	4	3
0 25 42	7	14	22	24	8	14	7	2 18 37	7	13	17	16	24	8	4	4 20 40	7	11	13	10	19	4	4
0 29 23	8	15	23	24	54	15	8	2 22 31	8	14	18	17	10	9	5	4 24 55	8	12	14	11	10	5	5
0 33 4	9	16	23	25	37	15	9	2 26 25	9	15	19	17	56	10	6	4 29 10	9	13	15	12	0	6	6
0 36 45	10	17	24	26	22	16	10	2 30 20	10	16	20	18	41	10	7	4 33 26	10	14	16	12	51	7	7
0 40 26	11	18	25	27	5	17	11	2 34 16	11	17	20	19	27	11	8	4 37 42	11	15	16	13	41	8	8
0 44 8	12	18	26	27	50	18	12	2 38 13	12	18	21	20	14	12	9	4 41 59	12	16	17	14	32	9	9
0 47 50	13	20	27	28	33	19	13	2 42 10	13	19	22	21	0	13	10	4 46 16	13	17	18	15	23	10	10
0 51 32	14	21	28	29	18	19	13	2 46 8	14	19	23	21	47	14	11	4 50 34	14	18	19	16	14	11	11
0 55 14	15	22	28	0 ♌	3	20	14	2 50 7	15	20	24	22	33	15	12	4 54 52	15	19	20	17	5	12	12
0 58 57	16	23	29	0	46	21	15	2 54 7	16	21	25	23	20	16	13	4 59 10	16	20	21	17	56	13	13
1 2 40	17	24	♋	1	31	22	16	2 58 7	17	22	25	24	7	17	14	5 3 29	17	21	22	18	47	14	14
1 6 23	18	25	1	2	14	22	17	3 2 8	18	23	26	24	54	17	15	5 7 49	18	22	23	19	39	15	15
1 10 7	19	26	2	2	58	23	18	3 6 9	19	24	27	25	42	18	16	5 12 9	19	23	24	20	30	16	16
1 13 51	20	27	3	3	43	24	19	3 10 12	20	25	28	26	29	19	17	5 16 29	20	24	25	21	22	17	17
1 17 35	21	28	3	4	27	25	20	3 14 15	21	26	29	27	17	20	18	5 20 49	21	25	25	22	13	18	18
1 21 20	22	29	4	5	12	25	21	3 18 19	22	27	♌	28	4	21	19	5 25 9	22	26	26	23	5	18	19
1 25 6	23	♊	5	5	56	26	22	3 22 23	23	28	1	28	52	22	20	5 29 30	23	27	27	23	57	19	20
1 28 52	24	1	6	6	40	27	22	3 26 29	24	29	1	29	40	23	21	5 33 51	24	28	28	24	49	20	21
1 32 38	25	2	7	7	25	28	23	3 30 35	25	♋	2	0 ♍	29	24	22	5 38 12	25	29	29	25	40	21	22
1 36 25	26	2	8	8	9	29	24	3 34 41	26	1	3	1	17	24	23	5 42 34	26	♌	♍	26	32	22	22
1 40 12	27	3	9	8	53	♍	25	3 38 49	27	2	4	2	6	25	24	5 46 55	27	1	1	27	25	23	23
1 44 0	28	4	10	9	38	1	26	3 42 57	28	3	5	2	55	26	25	5 51 17	28	2	2	28	16	24	24
1 47 48	29	5	10	10	24	1	27	3 47 6	29	4	6	3	43	27	26	5 55 38	29	3	3	29	8	25	25
1 51 37	30	6	11	11	8	2	28	3 51 15	30	5	7	4	32	28	27	6 0 0	30	4	4	30	0	26	26

Sidereal Time.	10 ♋	11 ♌	12 ♍	Ascen ♎		2 ♏	3 ♐	Sidereal Time.	10 ♌	11 ♍	12 ♎	Ascen ♏		2 ♐	3 ♑	Sidereal Time.	10 ♍	11 ♎	12 ♏	Ascen ♐		2 ♑	3 ♒
H. M. S.	°	°	°	°	′	°	°	H. M. S.	°	°	°	°	′	°	°	H. M. S.	°	°	°	°	′	°	°
6 0 0	0	4	4	0	0	26	26	8 8 45	0	3	2	25	28	23	25	10 8 23	0	2	28	18	52	19	24
6 4 22	1	5	5	0	52	27	27	8 12 54	1	4	3	26	17	24	26	10 12 12	1	3	29	19	36	20	25
6 8 43	2	6	6	1	44	28	28	8 17 3	2	5	4	27	5	25	27	10 16 0	2	4	29	20	22	20	26
6 13 5	3	6	7	2	35	29	29	8 21 11	3	6	5	27	54	26	28	10 19 48	3	5	♏	21	7	21	27
6 17 26	4	7	8	3	28	♏	♐	8 25 19	4	7	6	28	43	27	29	10 23 35	4	6	1	21	52	22	28
6 21 48	5	8	9	4	20	1	1	8 29 26	5	8	7	29	31	28	♑	10 27 22	5	7	1	22	35	23	28
6 26 9	6	9	10	5	11	2	2	8 33 31	6	9	7	0 ♏	20	28	1	10 31 8	6	7	2	23	20	24	29
6 30 30	7	10	11	6	3	3	3	8 37 37	7	10	8	1	8	29	2	10 34 54	7	8	3	24	4	25	♒
6 34 51	8	11	12	6	55	3	4	8 41 41	8	11	9	1	56	♐	3	10 38 40	8	9	4	24	48	25	1
6 39 11	9	12	13	7	47	4	5	8 45 45	9	12	10	2	43	1	4	10 42 25	9	10	5	25	33	26	2
6 43 31	10	13	14	8	38	5	6	8 49 48	10	13	11	3	31	2	5	10 46 9	10	11	6	26	17	27	3
6 47 51	11	14	15	9	30	6	7	8 53 51	11	14	12	4	18	3	6	10 49 53	11	12	7	27	2	28	4
6 52 11	12	15	15	10	21	7	8	8 57 52	12	15	12	5	6	4	7	10 53 37	12	13	7	27	46	29	5
6 56 31	13	16	16	11	13	8	9	9 1 53	13	16	13	5	53	5	8	10 57 20	13	14	8	28	29	29	6
7 0 50	14	17	17	12	4	9	10	9 5 53	14	17	14	6	40	5	9	11 1 3	14	15	9	29	14	1	7
7 5 8	15	18	18	12	55	10	11	9 9 53	15	18	15	7	27	6	10	11 4 46	15	16	10	29	57	1	8
7 9 26	16	19	19	13	46	11	12	9 13 52	16	19	16	8	13	7	10	11 8 28	16	17	11	0 ♑	42	2	9
7 13 44	17	20	20	14	37	12	13	9 17 50	17	20	17	9	0	8	11	11 12 10	17	17	11	1	27	3	10
7 18 1	18	21	21	15	28	13	14	9 21 47	18	21	18	9	46	9	12	11 15 52	18	18	12	2	10	4	11
7 22 18	19	22	22	16	19	14	15	9 25 44	19	22	19	10	33	10	13	11 19 34	19	19	13	2	55	5	12
7 26 34	20	23	23	17	9	14	16	9 29 40	20	23	19	11	19	10	14	11 23 15	20	20	14	3	38	6	13
7 30 50	21	24	23	18	0	15	17	9 33 35	21	24	20	12	4	11	15	11 26 56	21	21	14	4	23	7	14
7 35 5	22	25	24	18	50	16	18	9 37 29	22	24	21	12	50	12	16	11 30 37	22	22	15	5	6	7	15
7 39 20	23	26	25	19	41	17	19	9 41 23	23	25	22	13	36	13	17	11 34 18	23	23	16	5	52	8	16
7 43 34	24	27	26	20	30	18	20	9 45 16	24	26	23	14	21	14	18	11 37 58	24	23	17	6	36	9	17
7 47 47	25	28	27	21	20	19	21	9 49 9	25	27	24	15	7	15	19	11 41 39	25	24	18	7	20	10	18
7 52 0	26	29	28	22	11	20	22	9 53 1	26	28	24	15	52	15	20	11 45 19	26	25	18	8	5	11	19
7 56 12	27	♍	29	23	0	21	23	9 56 52	27	29	25	16	38	16	21	11 49 0	27	26	19	8	48	12	20
8 0 24	28	1	♎	23	50	21	24	10 0 43	28	♎	26	17	22	17	22	11 52 40	28	27	20	9	37	13	22
8 4 35	29	2	1	24	38	22	24	10 4 33	29	1	27	18	7	18	23	11 56 20	29	28	21	10	22	14	23
8 8 45	30	3	2	25	28	23	25	10 8 23	30	2	28	18	52	19	24	12 0 0	30	29	21	11	7	15	24

TABLES OF HOUSES FOR NEW YORK, Latitude 40° 43′ N.

Sidereal Time.	10 ♎	11 ♎	12 ♏	Ascen ♐	2 ♑	3 ♒	Sidereal Time.	10 ♏	11 ♏	12 ♐	Ascen ♑	2 ♒	3 ♓	Sidereal Time.	10 ♐	11 ♐	12 ♑	Ascen ♒	2 ♓	3 ♈
H. M. S.	°	°	°	° ′	°	°	H. M. S.	°	°	°	° ′	°	°	H. M. S.	°	°	°	° ′	°	°
12 0 0	0	29	21	11 7	15	24	13 51 37	0	25	15	5 35	16	27	15 51 15	0	21	13	9 8	27	4
12 3 40	1	♏	22	11 52	16	25	13 55 27	1	25	16	6 30	17	29	15 55 25	1	22	14	10 31	28	5
12 7 20	2	1	23	12 37	17	26	13 59 17	2	26	17	7 27	18	♈	15 59 36	2	23	15	11 56	♈	6
12 11 0	3	1	24	13 19	17	27	14 3 8	3	27	18	8 23	20	1	16 3 48	3	24	16	13 23	1	7
12 14 41	4	2	25	14 7	18	28	14 6 59	4	28	18	9 20	21	2	16 8 0	4	25	17	14 50	3	9
12 18 21	5	3	25	14 52	19	29	14 10 51	5	29	19	10 18	22	3	16 12 13	5	26	18	16 9	4	10
12 22 2	6	4	26	15 38	20	♓	14 14 44	6	♐	20	11 16	23	5	16 16 26	6	27	19	17 50	6	11
12 25 42	7	5	27	16 23	21	1	14 18 37	7	1	21	12 15	24	6	16 20 40	7	28	20	19 22	7	12
12 29 23	8	6	28	17 11	22	2	14 22 31	8	2	22	13 15	26	7	16 24 55	8	29	21	20 56	9	13
12 33 4	9	6	28	17 58	23	3	14 26 25	9	2	23	14 16	27	8	16 29 10	9	♑	22	22 30	11	15
12 36 45	10	7	29	18 45	24	4	14 30 20	10	3	24	15 17	28	9	16 33 26	10	1	23	24 7	12	16
12 40 26	11	8	♐	19 32	25	5	14 34 16	11	4	24	16 19	♓	11	16 37 42	11	2	24	25 44	14	17
12 44 8	12	9	1	20 26	7	14	38 13	12	5	25	17 23	1	12	16 41 59	12	3	26	27 23	15	18
12 47 50	13	10	2	21 8	27	8	14 42 10	13	6	26	18 27	2	13	16 46 16	13	4	27	29 4	17	19
12 51 32	14	11	2	21 57	28	9	14 46 8	14	7	27	19 32	4	14	16 50 34	14	5	28	0♓45	18	20
12 55 14	15	12	3	22 43	29	10	14 50 7	15	8	28	20 37	5	16	16 54 52	15	6	29	2 27	20	22
12 58 57	16	13	4	23 33	♒	11	14 54 7	16	9	29	21 44	6	17	16 59 10	16	7	♒	4 11	21	23
13 2 40	17	13	5	24 22	1	12	14 58 7	17	10	♑	22 51	8	18	17 3 29	17	8	2	5 56	23	24
13 6 23	18	14	6	25 11	2	13	15 2 8	18	10	1	23 59	9	19	17 7 49	18	9	3	7 43	24	25
13 10 7	19	15	7	26 1	3	15	15 6 9	19	11	2	25 9	11	20	17 12 9	19	10	4	9 30	26	26
13 13 51	20	16	7	26 51	5	16	15 10 12	20	12	3	26 19	12	22	17 16 29	20	11	5	11 18	27	27
13 17 35	21	17	8	27 40	6	17	15 14 15	21	13	4	27 31	14	23	17 20 49	21	12	7	13 8	29	28
13 21 20	22	18	9	28 32	7	18	15 18 19	22	14	5	28 43	15	24	17 25 9	22	13	8	14 57	♉	♊
13 25 6	23	19	10	29 23	8	19	15 22 23	23	15	6	29 57	16	25	17 29 30	23	14	9	16 48	2	1
13 28 52	24	19	10	0♑14	9	20	15 26 29	24	16	6	1♒—	18	26	17 33 51	24	15	10	18 41	3	2
13 32 38	25	20	11	1 7	10	21	15 30 35	25	17	7	2 28	19	28	17 38 12	25	16	12	20 33	5	3
13 36 25	26	21	12	2 0	11	23	15 34 41	26	17	8	3 46	21	29	17 42 34	26	17	13	22 25	6	4
13 40 12	27	22	13	2 52	12	24	15 38 49	27	19	9	5 22	♉	17	46 55	27	19	14	24 19	7	5
13 44 0	28	23	13	3 46	13	25	15 42 57	28	20	10	6 25	24	1	17 51 17	28	20	16	26 12	9	6
13 47 48	29	24	14	4 41	15	26	15 47 6	29	21	11	7 46	25	3	17 55 38	29	21	17	28 7	10	7
13 51 37	30	25	15	5 35	16	27	15 51 15	30	21	13	9 8	27	4	18 0 0	30	22	18	30 0	12	9

Sidereal Time.	10 ♑	11 ♑	12 ♒	Ascen ♈	2 ♉	3 ♊	Sidereal Time.	10 ♒	11 ♒	12 ♈	Ascen ♉	2 ♊	3 ♋	Sidereal Time.	10 ♓	11 ♈	12 ♉	Ascen ♊	2 ♋	3 ♌
H. M. S.	°	°	°	° ′	°	°	H. M. S.	°	°	°	° ′	°	°	H. M. S.	°	°	°	° ′	°	°
18 0 0	0	22	18	0 0	12	9	20 8 45	0	26	3	20 52	17	9	22 8 23	0	3	14	24 25	15	5
18 4 22	1	23	20	1 53	13	10	20 12 54	1	27	5	22 14	18	9	22 12 12	1	4	15	25 19	16	6
18 8 43	2	24	21	3 48	14	11	20 17 3	2	29	6	23 35	19	10	22 16 0	2	5	17	26 14	17	7
18 13 5	3	25	23	5 41	16	12	20 20 21	11	3	♈	8 24	55	20	11 22 19 48	3	6	18	27 8	17	8
18 17 26	4	26	24	7 35	17	13	20 25 19	4	1	9	26 14	22	12	22 23 35	4	7	19	28 0	18	9
18 21 48	5	27	25	9 27	18	14	20 29 30	5	2	11	27 32	23	12	22 27 22	5	8	20	28 53	19	10
18 26 9	6	28	27	11 19	20	15	20 33 31	6	3	12	28 46	23	14	22 31 8	6	10	21	29 46	20	11
18 30 30	7	29	28	13 12	21	16	20 37 37	7	5	14	0♊11	3	24	15	22 34 54	7	11	22	0♋37	21	12
18 34 51	8	♒	♓	15 3	22	17	20 41 41	8	6	15	1 17	25	16	22 38 40	8	12	23	1 28	21	12
18 39 11	9	2	1	16 52	23	18	20 45 45	9	7	16	2 29	26	17	22 42 25	9	13	24	2 20	22	13
18 43 31	10	3	3	18 42	25	19	20 49 8	10	19	4	41	27	22	46 9	10	15	27	3 9	23	14
18 47 51	11	4	4	20 30	26	20	20 53 11	11	10	19	4	12	29	20	22 53 13	12	17	28	4 49	24	15
18 52 11	12	5	5	22 17	27	21	20 57 52	12	11	21	6	1	29	♋	22 57 20	13	18	29	5 38	25	17
18 56 31	13	6	7	24 4	29	22	21 1 53	13	13	24	8	16	1	21	23 1 3	14	19	♊	6 27	26	17
19 0 50	14	7	9	25 49	♊	23	21 5 53	14	13	24	8	16	1	21	23 1 3	14	19	♊	6 27	26	17
19 5 8	15	9	10	27 33	1	24	21 9 53	15	14	25	9 23	2	22	23 4 46	15	20	1	7 17	27	18
19 9 26	16	10	12	29 15	2	25	21 13 52	16	16	26	10 30	3	23	23 8 28	16	21	2	8 3	28	19
19 13 44	17	11	13	0♉56	3	26	21 17 50	17	17	28	11 33	4	24	23 12 10	17	22	3	8 52	28	20
19 18 1	18	12	15	2 37	4	27	21 21 47	18	18	29	12 32	5	25	23 15 52	18	23	4	9 40	29	21
19 22 18	19	13	16	4 16	6	28	21 25 44	19	19	♉	13 41	6	26	23 19 34	19	24	5	10 28	♌	22
19 26 34	20	14	18	5 53	7	29	21 29 40	20	21	2	14 43	6	27	23 23 15	20	26	6	11 15	1	23
19 30 50	21	16	19	7 30	8	♋	21 33 35	21	22	3	15 42	7	28	23 26 56	21	27	7	12 2	2	23
19 35 5	22	17	21	9 4	9	1	21 37 29	22	23	4	16 45	8	28	23 30 37	22	28	8	12 49	3	24
19 39 20	23	18	22	10 38	10	♋	21 41 23	23	24	6	17 45	9	29	23 34 18	23	29	9	13 37	3	25
19 43 34	24	19	24	12 10	11	3	21 45 16	24	25	7	18 44	10	♌	23 37 58	24	♉	10	14 22	4	26
19 47 47	25	20	25	13 41	12	4	21 49 9	25	27	8	19 42	11	1	23 41 39	25	1	11	15 8	5	27
19 52 0	26	21	27	15 10	13	5	21 53 1	26	28	9	20 40	12	2	23 45 19	26	2	12	15 53	5	28
19 56 12	27	23	29	16 37	14	6	21 56 52	27	29	11	21 37	12	3	23 49 0	27	3	12	16 41	6	29
20 0 24	28	24	♈	18 4	15	7	22 0 43	28	♈	12	22 33	13	4	23 52 40	28	4	13	17 23	7	29
20 4 35	29	25	2	19 29	16	8	22 4 33	29	1	13	23 30	14	5	23 56 20	29	5	14	18 8	8	♍
20 8 45	30	26	3	20 52	17	9	22 8 23	30	3	14	24 25	15	5	24 0 0	30	6	15	18 53	9	1

PROPORTIONAL LOGARITHMS FOR FINDING THE PLANETS' PLACES
DEGREES OR HOURS

∑	0	1	2	3	4	5	6	7	8	9	10	11	12	13	14	15	∑
0	3.1584	1.3802	1.0792	9031	7781	6812	6021	5351	4771	4260	3802	3388	3010	2663	2341	2041	0
1	3.1584	1.3730	1.0756	9007	7763	6798	6009	5341	4762	4252	3795	3382	3004	2657	2336	2036	1
2	2.8573	1.3660	1.0720	8983	7745	6784	5997	5330	4753	4244	3788	3375	2998	2652	2330	2032	2
3	2.6812	1.3590	1.0685	8959	7728	6769	5985	5320	4744	4236	3780	3368	2992	2646	2325	2027	3
4	2.5563	1.3522	1.0649	8935	7710	6755	5973	5310	4735	4228	3773	3362	2986	2640	2320	2022	4
5	2.4594	1.3454	1.0614	8912	7692	6741	5961	5300	4726	4220	3766	3355	2980	2635	2315	2017	5
6	2.3802	1.3388	1.0580	8888	7674	6726	5949	5289	4717	4212	3759	3349	2974	2629	2310	2012	6
7	2.3133	1.3323	1.0546	8865	7657	6712	5937	5279	4708	4204	3752	3342	2968	2624	2305	2008	7
8	2.2553	1.3258	1.0511	8842	7639	6698	5925	5269	4699	4196	3745	3336	2962	2618	2300	2003	8
9	2.2041	1.3195	1.0478	8819	7622	6684	5913	5259	4690	4188	3737	3329	2956	2613	2295	1998	9
10	2.1584	1.3133	1.0444	8796	7604	6670	5902	5249	4682	4180	3730	3323	2950	2607	2289	1993	10
11	2.1170	1.3071	1.0411	8773	7587	6656	5890	5239	4673	4172	3723	3316	2944	2602	2284	1988	11
12	2.0792	1.3010	1.0378	8751	7570	6642	5878	5229	4664	4164	3716	3310	2938	2596	2279	1984	12
13	2.0444	1.2950	1.0345	8728	7552	6628	5866	5219	4655	4156	3709	3303	2933	2591	2274	1979	13
14	2.0122	1.2891	1.0313	8706	7535	6614	5855	5209	4646	4148	3702	3297	2927	2585	2269	1974	14
15	1.9823	1.2833	1.0280	8683	7518	6600	5843	5199	4638	4141	3695	3291	2921	2580	2264	1969	15
16	1.9542	1.2775	1.0248	8661	7501	6587	5832	5189	4629	4133	3688	3284	2915	2574	2259	1965	16
17	1.9279	1.2719	1.0216	8639	7484	6573	5820	5179	4620	4125	3681	3278	2909	2569	2254	1960	17
18	1.9031	1.2663	1.0185	8617	7467	6559	5809	5169	4611	4117	3674	3271	2903	2564	2249	1955	18
19	1.8796	1.2607	1.0153	8595	7451	6546	5797	5159	4603	4109	3667	3265	2897	2558	2244	1950	19
20	1.8573	1.2553	1.0122	8573	7434	6532	5786	5149	4594	4102	3660	3258	2891	2553	2239	1946	20
21	1.8361	1.2499	1.0091	8552	7417	6519	5774	5139	4585	4094	3653	3252	2885	2547	2234	1941	21
22	1.8159	1.2445	1.0061	8530	7401	6505	5763	5129	4577	4086	3646	3246	2880	2542	2229	1936	22
23	1.7966	1.2393	1.0030	8509	7384	6492	5752	5120	4568	4079	3639	3239	2874	2536	2223	1932	23
24	1.7781	1.2341	1.0000	8487	7368	6478	5740	5110	4559	4071	3632	3233	2868	2531	2218	1927	24
25	1.7604	1.2289	0.9970	8466	7351	6465	5729	5100	4551	4063	3625	3227	2862	2526	2213	1922	25
26	1.7434	1.2239	0.9940	8445	7335	6451	5718	5090	4542	4055	3618	3220	2856	2520	2208	1917	26
27	1.7270	1.2188	0.9910	8424	7318	6438	5706	5081	4534	4048	3611	3214	2850	2515	2203	1913	27
28	1.7112	1.2139	0.9881	8403	7302	6425	5695	5071	4525	4040	3604	3208	2845	2509	2198	1908	28
29	1.6960	1.2090	0.9852	8382	7286	6412	5684	5061	4516	4032	3597	3201	2839	2504	2193	1903	29
30	1.6812	1.2041	0.9823	8361	7270	6398	5673	5051	4508	4025	3590	3195	2833	2499	2188	1899	30
31	1.6670	1.1993	0.9794	8341	7254	6385	5662	5042	4499	4017	3583	3189	2827	2493	2183	1894	31
32	1.6532	1.1946	0.9765	8320	7238	6372	5651	5032	4491	4010	3576	3183	2821	2488	2178	1889	32
33	1.6398	1.1899	0.9737	8300	7222	6359	5640	5023	4482	4002	3570	3176	2816	2483	2173	1885	33
34	1.6269	1.1852	0.9708	8279	7206	6346	5629	5013	4474	3994	3563	3170	2810	2477	2168	1880	34
35	1.6143	1.1806	0.9680	8259	7190	6333	5618	5003	4466	3987	3556	3164	2804	2472	2164	1875	35
36	1.6021	1.1761	0.9652	8239	7174	6320	5607	4994	4457	3979	3549	3157	2798	2467	2159	1871	36
37	1.5902	1.1716	0.9625	8219	7159	6307	5596	4984	4449	3972	3542	3151	2793	2461	2154	1866	37
38	1.5786	1.1671	0.9597	8199	7143	6294	5585	4975	4440	3964	3535	3145	2787	2456	2149	1862	38
39	1.5673	1.1627	0.9570	8179	7128	6282	5574	4965	4432	3957	3529	3139	2781	2451	2144	1857	39
40	1.5563	1.1584	0.9542	8159	7112	6269	5563	4956	4424	3949	3522	3133	2775	2445	2139	1852	40
41	1.5456	1.1540	0.9515	8140	7097	6256	5552	4947	4415	3942	3515	3126	2770	2440	2134	1848	41
42	1.5351	1.1498	0.9488	8120	7081	6243	5541	4937	4407	3934	3508	3120	2764	2435	2129	1843	42
43	1.5249	1.1455	0.9462	8101	7066	6231	5531	4928	4399	3927	3501	3114	2758	2430	2124	1838	43
44	1.5149	1.1413	0.9435	8081	7050	6218	5520	4918	4390	3919	3495	3108	2753	2424	2119	1834	44
45	1.5051	1.1372	0.9409	8062	7035	6205	5509	4909	4382	3912	3488	3102	2747	2419	2114	1829	45
46	1.4956	1.1331	0.9383	8043	7020	6193	5498	4900	4374	3905	3481	3096	2741	2414	2109	1825	46
47	1.4863	1.1290	0.9356	8023	7005	6180	5488	4890	4365	3897	3475	3089	2736	2409	2104	1820	47
48	1.4771	1.1249	0.9330	8004	6990	6168	5477	4881	4357	3890	3468	3083	2730	2403	2099	1816	48
49	1.4682	1.1209	0.9305	7985	6875	6155	5466	4872	4349	3882	3461	3077	2724	2398	2095	1811	49
50	1.4594	1.1170	0.9279	7966	6960	6143	5456	4863	4341	3875	3454	3071	2719	2393	2090	1806	50
51	1.4508	1.1130	0.9254	7947	6945	6131	5445	4853	4333	3868	3448	3065	2713	2388	2085	1802	51
52	1.4424	1.1091	0.9228	7929	6930	6118	5435	4844	4324	3860	3441	3059	2707	2382	2080	1797	52
53	1.4341	1.1053	0.9203	7910	6915	6106	5424	4835	4316	3853	3434	3053	2702	2377	2075	1793	53
54	1.4260	1.1015	0.9178	7891	6900	6094	5414	4826	4308	3846	3428	3047	2696	2372	2070	1788	54
55	1.4180	1.0977	0.9153	7873	6885	6081	5403	4817	4300	3838	3421	3041	2691	2367	2065	1784	55
56	1.4102	1.0939	0.9128	7854	6871	6069	5393	4808	4292	3831	3415	3034	2685	2362	2061	1779	56
57	1.4025	1.0902	0.9104	7836	6856	6057	5382	4798	4284	3824	3408	3028	2679	2356	2056	1774	57
58	1.3949	1.0865	0.9079	7818	6841	6045	5372	4789	4276	3817	3401	3022	2674	2351	2051	1770	58
59	1.3875	1.0828	0.9055	7800	6827	6033	5361	4780	4268	3809	3395	3016	2668	2346	2046	1765	59
	0	1	2	3	4	5	6	7	8	9	10	11	12	13	14	15	

RULE:—Add proportional log. of planet's daily motion to log. of time from noon, and the sum will be the log. of the motion required. Add this to planet's place at noon, if time be p.m., but subtract if a.m. and the sum will be planet's true place. If Retrograde, subtract for p.m., but add for a.m.

What is the Long. of ☽ January 30, 1995 at 2.15 p.m.?
☽'s daily motion—14° 12′
    Prop. Log. of 14° 12′ .... .2279
    Prop. Log. of 2h. 15m. 1.0280
☽'s motion in 2h. 15m. = 1° 20′ or Log.   1.2559

☽'s Long. = 4° ♒ 10′ + 1° 20′ = 5° ♒ 30′
The Daily Motions of the Sun, Moon, Mercury, Venus and Mars will be found on pages 26 to 28.